# Dieter Kühn

# Die Minute eines Segelfalters

Erzählung

Insel Verlag

PT
2671
.Z324
M56
1992
May 1994

Erste Auflage 1992
© Insel Verlag Frankfurt am Main und Leipzig
Alle Rechte vorbehalten
Druck: Friedrich Pustet, Regensburg
Printed in Germany

# Die Minute eines Segelfalters

Und Sturm und Sturm und Sturm, von der Bergkette herab in die Ebene, der Sturm rennt an gegen Häuser und Kirchen auf der sanft ansteigenden Fläche, rennt an gegen das Haus am Jauertor, rüttelt an Fenstern, rappelt an Türen, braust, faucht, röhrt im Schornstein. Dieser Sturm, der – zuweilen – langsamer wird, um gleich wieder aufzufrischen, dieser Sturm weht den Himmel blank, vor allem in frühen Morgenstunden, schiebt dann Wolkenwülste, Wolkenflächen heran, reißt sie zuweilen auf zwischen Riesengebirge und Zobtenkegel, schiebt sie wieder zusammen. Und unablässig werden Äste geschwenkt, als würde strudelnd bewegte Luft die Büsche, die Bäume von allen Seiten zugleich packen, und abgefetzte grüne Blätter werden herumgewirbelt, flatternde Vögel geschüttelt im Frühsommersturm. Und die Ohren lassen sich nicht schützen vor diesem unablässigen Heran und Herüber, Hinweg und Hinaus: ständiges Brausen und Fauchen, Rütteln und Rappeln. Er, Grotkau, möchte endlich hören, sehen, spüren, daß Schluß ist mit diesem verspäteten Frühjahrssturm, doch unablässig fegt es heran: Hunderte von Böen sind in den vergangenen Tagen und Nächten losgetobt vom Isergebirge, vom Riesengebirge, haben Wirbel gebildet hinter der Stirn, in der Brust, und zuweilen wollte er aufspringen, losrennen, blindlings losrennen und

Am Morgen, an dem es weiterstürmt, geht er in sein Arbeitszimmer, schaut auf dem Fensterbrett nach dem Zweig des Zitronenbaums, im irdenen Topf: ovale, hellgrüne, kurzgestielte Blätter. Noch immer zögert Grotkau, den Steckling im windgeschützten, sturmsicheren Winkel am Haus einzupflanzen und, später, im Garten vor der Stadt, zwischen Apfelbäumen und Birnbäumen, Pflaumenbäumen und Nußbäumen. Er wird noch einmal den Gärtner, den Lischek, fragen, wann er – nach kaltem Frühjahr, stürmischem Frühsommer – den Zweig in die Erde des Gartens stecken soll. Wird der Gärtner wieder einmal große, extreme Kälte voraussagen für den kommenden Winter? Er will ihn noch an diesem Tag besuchen, sobald er

vom Kranken zurückkehrt, vom Hof bei Teichau. Lischek, der diesen Zweig von einem ehe-
maligen Kollegen der fürstlichen Orangerie zu
Breslau erhalten und Doktor Grotkau verkauft
hat, er wird am besten wissen, wann es gewagt
werden kann, ihn mit seinen dünnen Wurzelfasern ins Erdreich zu senken. Viele gute Vorbe-
dingungen sind notwendig, damit der Steckling
einen schlesischen Winter am Haus, mehrere
schlesische Winter draußen im Garten überlebt
und schließlich wachsen Zitronen am Bäumchen, am Baum – Grotkau sieht schon ihr sanft-
gelbes Leuchten.

Sobald der Sturm nachläßt – nur kurzes Verharren – hört er Rascheln, Nagen, wirbelnd
schnelles Trippeln von Mäusen in der Zimmerdecke über seinem Arbeitstisch am Fenster. Und
Grotkau liest noch einmal – Wörter streichend,
Wörter hinzufügend – Aufzeichnungen, mit denen er eine Lehrschrift eröffnen will, und er
sieht wieder – lesend, schreibend – den Flug von
Johanniskäfern oder Leuchtkäfern des Vorjah-
res 1722: Auf- und Abschweben, Hin- und

Hergleiten der oszillierend grünen Lichtpunkte, dieser – bei Tageslicht besehn – graubraun unauffälligen Fluginsekten, die nachts am Hinterleib leuchten. Selbst bei wiederholter, ausdauernder Beobachtung, in der Nähe des Jauertors, jenseits der Stadtmauer, hatte er nicht kleinste Anzeichen für verborgene Zuordnung, nein: Abstimmung der Bewegungen erkennen können; ziellos – und rasch ergänzt er: scheinbar ziellos – schwebten sie umher. Auch schienen sie keine Flugfiguren, Flugmuster zu bilden über den Johanniswürmchen, Glühwürmchen, die auf Halmen und Ästchen leuchteten. Dagegen der Balzflug und Suchflug von Greifvögeln, zum Beispiel: Spiralbewegungen des Roten, Schlangenlinien des Schwarzen Milans. Verglichen damit bleiben bei Leuchtkäfern die Flugbewegungen beliebig. Grotkau streicht das Wort: beliebig, ersetzt es durch: zufällig. Und ergänzt: es bleiben scheinbar zufällige Bewegungen.

Einhaltend hört er durch die Zwischenwand Bettknarren, Husten. Und zwingt sich, weiterzuarbeiten: die Leuchtkäfer – oder doch: Johanniskäfer? – schwebten in scheinbar zufälligen Flugbewegungen über den Glühwürmchen, Johanniswürmchen. Nach welchen Gegenzeichen nähert sich ein umherschwebender Leuchtkäfer einem Glühwürmchen, das reglos bleibt, dafür ein wenig heller zu leuchten scheint? Etwa zwei Wochen nach der Phase der freien Flugbewegungen sah er grüne Glühpunkte vielfach zu zweit auf Halmen, auf Kräutern, reglos im Abstand eines kleinen Fingers, und diesen Abstand wahrten sie vorerst: grüne Leuchtpunkte, die einen Leuchtkäfer und ein Glühwürmchen –

Husten, das Husten, dieses Husten! Und er liest die Frage nach der Weise, der Art, ja: der Art und Weise der Verständigung: läßt sich annehmen, daß die Johanniskäfer, nein: Leuchtkäfer und die Johanniswürmchen, also: Glühwürmchen sich einfach nur gegenübersitzen, auf gemeinsamem Ast oder Halm, und sie leuchten sich an? Bei genauerem Beobachten hat er festgestellt oder: festzustellen geglaubt oder: geglaubt festzustellen, daß dieses Leuchten sich gelegentlich verstärkte – mal beim einen, mal beim anderen Insekt, demnach also wohl bei Leuchtkäfer und Glühwürmchen – als würde sehr sanft auf einen Glühpunkt geblasen, doch rasch schwächte sich das kühle Glimmlicht wieder ab, und es schien, nach kurzer Verzögerung, das andere Insekt zu antworten mit grünem –

Das Husten, Knarren, Husten. Der Zitronenzweig auf dem Fensterbrett. Erneut Böen im Buschwerk: wischende, verwischende Bewegungen. Wie klar, liest er langsam, wie klar sind im Tierreich oft Vorbereitungen von Paarungen zu erkennen: Schmetterlinge, die sich umfliegen, umflattern; nebeneinander hüpfende Vögel; sich umgurrende, schnäbelnde Tauben ... Im Nachtreich der Leuchtkäfer und Glühwürmchen dagegen, nach der Phase scheinbar zufälliger Bewegungen: Reglosigkeit, Lautlosigkeit, bei gelegentlichem Verändern der Leuchtstärke?

Erschöpfungspause des Sturms? Ein Atemholen? Er hört wieder das Rascheln, Trippeln in der Decke über ihm, das Bettknarren, Husten hinter der Wand. Aufstöhnend begleitet er weitere Fragen mit korrigierender Feder: sind sichtbare Veränderungen der Leuchtstärke bereits eine Verständigung, nein: eine Form, eine Weise der Verständigung, oder gehören sie, in besonders deutlicher Ausprägung, nein: Ausformung, nein: Auswirkung zu einem System von gering-, von sehr kleinen, nein: von winzigen Veränderungen des Lichts, die seine Augen nicht registrieren? Können Leuchtkäfer und Glühwürmchen allergeringste Veränderungen der Leuchtstärke wahrnehmen oder aber, zweite Hypothese: ist die Verständigung unter Leuchtkäfern und Glühwürmchen äußerst langsam? So als würden sich zwei Menschen nur gelegentlich eine Silbe oder einen Buchstaben, Buch - sta - ben übermitteln, vermitteln, nein: übermitteln, und es entsteht sehr langsam, äußerst langsam die Buchstabenfolge einer Liebessprache? Oder, dritte Hypothese: beginnt die eigentliche Verständigung erst, sobald sich die Fühler von Leuchtkäfern und Glühwürmchen berühren? Und wenn sich die Tentakel hinreichend betastet haben, was geschieht danach im Dunkeln? Beginnt das Grün heftig zu pulsen oder erlöschen die kühlgrünen Punkte, sobald der Leuchtkäfer den Hinterleib des Glühwürmchens umklammert, dort

Ein Zauberwort, Machtwort in den Sturm schreien, damit der endlich zum Verstummen, zum Erliegen gebracht wird, ja, und Büsche nicht mehr als verwischtes Ungefähr – und Stille, vor allem Stille! Doch der Wind, der Sturm läßt sich nicht zum Schweigen bringen, wieder, weiterhin stürzt er sich von den Bergen herab und wischende Bewegungen seit Tagen schon, dieses Wischen, Verwischen auch im Kopf, fortgesetzt im Kopf, turbulentia, und Grotkau wartet beinah auf eine – sonst höchst unerwünschte – Störung: ein Bauer oder Knecht pocht an die Tür, bittet, drängt, er solle möglichst rasch nach Ölse kommen oder nach Teichau, nach Fehebeutel oder nach Järischau: Stirbt, stirbt, stirbt, der Doktor soll kommen! Sofort, das weiß er, würde er aufstehn vom Arbeitstisch, würde den Umhang über die Schultern schwingen, würde satteln, würde das Pferd aus dem Stall führen, würde reiten, reiten, wie von Flügeln getragen, vom Wind getragen, ja: mit Flügeln windgetragen! Doch vorerst ruft ihn keiner, also weiter, weiter in den Aufzeichnungen. Doch da ist Unruhe unter der Schädeldecke, turbulentia, Unruhe bläht die Adern auf den Handrücken, und Flirren im Blick.

Ducaslaus Grotkau reitet die Jauergasse hinab zum Marktplatz, reitet weiter durch die Schweidnitzgasse, dem rinnenden Regenwasser folgend: er könnte, auf einem Wägelchen, hinunterrollen vom Jauertor bis zum Schweidnitzer Tor und noch einen guten Steinwurf weiter, denn Striegau liegt, als mauerumschlossenes Quadrat weicher Konturen, auf einer Platte, die sich von Norden nach Süden senkt, in sanftem Winkel; die Platte im Norden anhebend, könnte man die Stadt abrutschen lassen zum Mühlgraben, der Striegau im Süden begrenzt, und es würde der Schnabelturm mitrutschen und die massige Bastei der Mehlburg und das Neutor und die kleine Kirche St. Antonius und die Peter-Paul-Kirche mit ihren Backsteinwänden, die über spitzbogigen Fenstern rauchgeschwärzt sind, und in der Umgebung dieser wuchtigen Kirche leergebrannte, eingesackte Häuser – dies alles würde, mitsamt schwarz abgebrannten Bäumen, kleinen Birken, weiten Brennesselflächen abrutschen zum Schweidnitzer Tor, das er durchreitet, über den Mühlgraben hinweg und weiter auf der Landstraße am Striegauer Wasser entlang, einem Bach, der auf die Stadt zufließt, sie im Südwesten fast berührt, dann wegschwenkt nach Süden; jenseits des Bachs sieht er einige Mühlen und Fischteiche, sieht er die Kate des Gärtners Lischek, den er auf dem Rückweg besuchen wird. Weiterreitend, Richtung Schweidnitz, sieht er das Isergebirge in westlicher Ferne, sieht er das Riesengebirge entschieden näher, sieht er das Waldenburger Gebirge weit nach Südosten hinaus, sieht er vorgelagerte Hügelketten, sieht Wälder und Wiesen und Äcker, sieht, linkerhand, einen aus der Ebene ragenden Kegel: den Zobten.

Er ist, erzählt ihm der Gärtner, letzte Nacht vor die Kate gelaufen, weil er Angst hatte, das Dach würde weggerissen, und er hat aus einem Napf etwas Mehl in den Sturm geschleudert, hat ihm zugeschrien: Und jetzt hau ab, koch deinen Kindern eine Suppe davon! Aber das Mehl ist bloß verwirbelt worden ... Ja, so sieht das Grotkau, hinter der Stirnwand: ein Windlicht auf der Schwelle, weiße Wirbelspur ins Schwarze hinaus, schon war das Mehl fort, spurlos, und der Sturm schien eher gestärkt. Dieser Sturm ist für den Gärtner ein Vorzeichen, und weitere werden folgen: Katzen werden sehr viel Wasser trinken, der Grünspecht wird schreien, eine Eule wird sich am hellen Tage zeigen, und innerhalb einer Woche wird man fünf oder sechs Regenbögen sehen, dazu ein Abendrot, wie es noch keiner in Striegau erlebt haben wird! Und Grotkau sieht hinter der Stirnwand Häuser, die auf der Wetterseite von roter Farbe übergossen scheinen, ebenso die Gesichter der Menschen, die verstört in dies Himmelsleuchten blicken: als würde sich hinter dem Isergebirge eine Feueresse auftun, höllentorgroß. Auf brandgeschwärzten Mauern wird dies Rot besonders düster wirken: schwärzliches Rot oder rötliches Schwarz, als begänne im Ruß das Feuer das Stadtbrands wieder aufzuglühn. Und keiner in Striegau und Schweidnitz und Breslau wird überrascht sein, wenn es in der darauf folgenden Nacht sehr stark zu regnen beginnt; tagelang, nächtelang wird es regnen, sagt der Gärtner, und wenn nach mehreren Tagen die Sonne scheint, so wird sie kein Gemüt erhellen, alles in banger Erwartung weiterer Regenfälle, und wenige Tage später werden sie erneut einsetzen, der Wind wird die Wolkenfelder beispielsweise von Nordwest herantreiben, wird erst nach Tagen umspringen, doch nur, um die Wolkenfelder aus Südost zurückzuschieben, und sie werden noch immer nicht leergeregnet sein; die Menschen werden kleinlaut verzagen, denn nicht einmal Bittgottesdienste werden etwas bewirken: Wasserläufe werden anschwellen, Fischteiche werden überlaufen, oder es werden ihre Erdwälle brechen, auch Dämme an Flüssen, und Menschen werden ertrinken, sobald sie in das breit heranströmende braune Wasser geraten, Kähne werden kentern, hinter denen man Kühe schwimmen läßt, an Seilen, Häuser werden einstürzen unter dem Druck des Wassers, noch mehr Menschen werden ertrinken, Pflanzen werden von Sand und Geröll überdeckt, werden ersticken. Der Gärtner holt Luft, als wolle er etwas hinzufügen, doch scheint er das runterzuschlucken, stumm sitzt er

vor Grotkau. Alle Wörter, eben noch aus ihm
hervorgestrudelt, sie scheinen

Als würden die Fenster, obwohl versperrt
vor dem auffrischenden Sturm, nicht mehr
schließen, als wäre die Tür, verriegelt gegen den
Sturm, nur angelehnt, als hätte sich im Schornstein mächtiger Zug entwickelt, ohne Feuer:
Grotkau liegt hellwach neben seiner im Schlaf
stöhnenden Frau – sein Herzschlag beschleu-
nigt und Flirren, Flimmern in den Augen, und
es pulst in den Ohren, rasch, dumpf. Schon als
er sich auszog, spürte er, daß er nicht müde
genug war, um Schlaf zu finden, turbulentia,
doch der Zuspruch der Vernunft war stärker, er
legte sich hin: am nächsten Tag ein Ritt nach
Tarnau! Doch er, der sonst einschlief mit der
Selbstverständlichkeit, mit der sich Blüten
abends schließen, er weiß, daß er so bald keinen
Schlaf finden wird: turbulentia. Flirren, Flimmern, Pulsen, und bittrer Geschmack, als wäre
eine Aschenflocke auf die Zunge gefallen, und
immer härter ein Verklumpen im abdomen. Er
redet sich zu, wieder aufzustehn, gegen alle

Gewohnheit, in sein Zimmer zu gehn, nebenan, die Lampe anzuzünden, Notizen zu lesen, zu bearbeiten.

Schmetterlinge, ja, die beiden Schmetterlinge auf der Sandfläche eines Weges – bei Zirlau, es war doch bei Zirlau – ein kleiner, dunkelgrauer Schmetterling, und der Hinterleib am Hinterleib eines etwas größeren, fast weißen Schmetterlings – beide mit ausgebreiteten Flügeln. So bildeten – hat er geschrieben, liest er nun wieder mit begleitender Feder – bildeten die beiden reglos miteinander, nein: die miteinander reglos verbundenen Schmetterlinge eine symmetrische Figur oder Figuration. Configuratio? Jedenfalls: ein Doppelschmetterling, so mochte es scheinen oder: dem Anschein nach, dabei, in der gemeinsamen Körperachse, voneinander abgewendet – Kopf nach hier und Kopf nach dort. Was die beiden Körper verband, sie vereinte, dies konnte er mit bloßem Auge nicht erkennen. Schmetterlingsglied? Wechselseitiges Sichöffnen am Hinterleib? Und durch die – nach außen hin unsichtbare, weil geschützte – Doppelöffnung werden Säfte, Erregungsstoffe vermittelt? Übertragen? Er hatte dieses Schmetterlings-Paarbild genau beobachtet, aber kein Vibrieren zog, in kleinen Wellen, durch die Körper, sich ausbreitend bis in die Flügelspitzen. Erst recht nicht war da sanftes oder: rasches oder: zuckendes Anheben von Flügeln, womöglich im Takt – Flügel, die Flügel reglos ausgebreitet auf dem Sand, und Hinterleib mit Hinterleib verbunden, dabei schien es zu bleiben. Und nichts war zu hören: kein hoher Ton, kein Sirren einer Erregung – die Schmetterlinge so lautlos wie reglos, obwohl Erregungsstoffe, erregende Stoffe, Substanzen, ja: substantiae stimulationis die beiden Schmetterlinge bis in die Flügelspitzen, bis an die Flügelränder – Wohlgefühl, Lustgefühl? Fast lähmend? Lustlähmung? Er hatte nicht gewagt, diese configuratio zu berühren, an einer der Flügelspitzen, um den Grad der

Reiten, losreiten, nach Breslau, und er setzt sich abends ins Gasthaus, mit dem Buchhändler, der seine Lehrschrift drucken lassen wird, und sie trinken Bier, das »Schöps«, und er berichtet aus dem Striegauer Land, aber nicht von Krämpfen oder Zuckungen seiner Patienten, von Blattern oder Pocken, von Drüsenfieber, Fleckfieber, er spricht von der mit Lautlosigkeit verbundenen Reglosigkeit oder: der mit Reglosigkeit verbundenen Lautlosigkeit vieler Paarungsformen kleinerer Lebewesen, und beinah sinnbildlich erscheine ihm hier die configuratio von Schmetterlingen, völlig symmetrisch, völlig reglos, lautlos – darüber wird er schreiben. Und es kommen Bekannte des Buchhändlers hinzu und mit ihnen Geschichten aus der Stadt, beispielsweise von einem schwermütigen Büchsenmacher und einer leichtlebigen Hutmacherin, und schließlich werden sie zur Oder ziehen, werden auf der Brücke den Fluß überqueren zur kleinen Insel, werden auch den zweiten Arm der Oder überqueren, zum Dom, werden zurückkehren auf die kleine Insel, werden sich an ihre Spitze stellen, werden die breit heranziehende Oder sehen, betont von Mondlicht, und er wird aufatmen, wird die Arme ausbreiten, als wolle er abheben und als Nachtvogel über Breslau schweben.

In den Sturmnächten wollte sich wieder, mal wieder ein Alp auf Brust und Bauch setzen, zentnerschwer, doch er hat ihn abgelenkt! Der Gärtner lacht auf, heiser. Nämlich, er hat eine Handvoll Besenreiser vor die Tür geworfen, die muß ein Alp sofort zählen, er kann gar nicht anders, als Reiser zu zählen, die vor die Tür geworfen werden, vorher kommt er nicht ins Haus! Reiser zählen, Reiser zählen, und er zählt sie, weil er sich in der Hast vertut, ein zweites Mal, und dabei – so ergänzt Grotkau lautlos – dabei wird der Alp sich selbst zum Alp. Damit der beim Zählen durcheinanderkam, mit dem Zählen so schnell nicht durchkam, rannte der Gärtner raus, trat die Besenreiser durcheinander, warf weitere Reiser nach, schrie zurückrennend einen Abzählvers: ennr, zwennr, drennr, fennr – und so weiter, und so weiter, bis: »du bist uff!« Genau an dieser Stelle mußte der Alp, im Sturm kauernd, nochmal anfangen: ennr, zwennr, drennr, fennr, und so weiter, und so weiter, bis: »und du bist uff!« Genau an dieser Stelle mußte der Alp, im Sturm kauernd, nochmal anfangen: ennr zwennr drennr fennr – und so weiter, und so weiter, bis: »und du bist uff!« Er ließ ihn weiter-, weiter-, weiterzählen, schrie den Kindervers durch einen Fensterspalt hinaus, rannte wieder los mit einem Bündel Reiser, trat dem Alp die gezählten Reiser durcheinander, dabei half ihm der Sturm, und er warf ihm weitere Reiser vor die Füße – er hat genügend Reiser im Haus, Hunderte von Reisern kann er hinwerfen, und der Alp zählt sie alle, alle, alle durch, von links nach rechts zählt er sie: ennr, zwennr, drennr, fennr, zählt sie von rechts nach links: fennr, drennr, zwennr, ennr, immer wieder muß er von vorn anfangen, von vorn anfangen, von vorn anfangen, muß weiterzählen, weiterzählen bis: »du bist uff, und du bist uff«, das Gewicht muß er sich aus dem Leib zählen! Wenn der sich nämlich erstmal auf einen gehockt hat, mit gesenktem Kopf, mit seinen breiten Füßen, nah herangezogen an »Arsch« (respektive anus) und »Sack« (resp. scrotum), preßt er Stöhnen aus einem heraus, und mit dem Schlafstöhnen wächst ihm noch mehr Gewicht zu, und der Alp rückt noch weiter nach oben, halswärts, wird derart schwer, daß er einem sogar das Stöhnen abpreßt; erst wenn er, der Lischek Karl, verstummt wäre

Ennr: Appetitlosigkeit, zwennr: Übelkeit, drennr: Bauchschmerzen, fennr: Brustschmerzen, des weiteren Kopfschmerzen, Zahnschmerzen, womöglich Krämpfe, Koliken – der Doktor muß sich das anhören, der Doktor muß sein Ohr an Brust und Bauch legen, damit er das Rasseln und Schurren vernimmt, er muß sein Ohr an Gelenke halten, die knirschen, er muß Ohr, ganz Ohr sein. In der Stadt, in den Dörfern, den Weilern, den abgelegenen Höfen: sie müssen über sich reden, über sich und ihre Krankheiten! Und wenn die Kranken nicht mehr reden können oder wenn ihr Schlesisch zu schwer verständlich wird für ihn, der von der Elbe kommt, und ihr Polnisch bleibt unverständlich, so geben die Kranken den Auftrag weiter an Familienmitglieder, und vielstimmig reden die ein auf den Arzt, als wäre ein langwieriges Sprechverbot aufgehoben, endlich. Auf die fremdklingende eigene Sprache stoßend, auf die fremde Sprache verstreut wohnender Polen prallend, muß er dennoch versuchen zu verstehen, muß zumindest den Anschein wecken, als verstünde er – nur dann, so werden die Kranken und ihre Familien voraussetzen, wird er heilen können. Und während er nickt, auch wenn polnisch auf ihn eingeredet wird, versucht er, eine Diagnose zu stellen: läßt sich die Urinprobe reichen, prüft die Farbe, fühlt, tastet den Kranken, die Kranke ab, riecht, schnuppert – zwar sind die Krankenstuben meist ungelüftet, Geruch und Gestank verdichten sich, aber den süßlich-beißenden Geruch einiger Krankheiten nimmt er, in dünnen Spuren, auch hier wahr, schnuppert an Handrükken, Stirnen, Schläfen: Ich rieche schon, was los ist … Ja, er hat einen Blick, ein Ohr, ein Gespür entwickelt für das Wahrnehmen, das Bestimmen von Krankheiten, und die Patienten fühlen sich verstanden.

Eine Stunde für ihn, eine Stunde im Garten vor der Stadt. Er hat dort Apfelbäume und Birnbäume gesetzt, vor vielen Jahren, Pflaumenbäume, Nußbäume, vor Jahren, und vielleicht wird dort auch mal ein Johannisbrotbaum wachsen, der Zitronenbaum. Er geht umher zwischen den Bäumen, setzt sich vor das Holzhüttchen, in dem er zuweilen übernachtet, liest nun, die Füße am Regenwasserfaß, in einer Breslauer Zeitschrift einen der Beiträge des Striegauer Arztkollegen Johann Günther – ein Beitrag, der schon vor Jahren erschienen ist, doch nun erst nimmt Grotkau sich die Zeit, ihn zu lesen. Johann Günther berichtet vom Molkenteller auf der Rose von Jericho: einer der Namen, die der Kollege den von ihm entdeckten, von ihm zumindest beschriebenen Schmetterlingen gegeben hat, und er unterscheidet in diesem Fall zwischen dem weißen Molkenteller mit schwarzen Punkten auf den Flügeln, die unten bläulich sind, und dem lichtbraunen Molkenteller, der vorn am Köpfchen statt der Fühler einen kleinen federwischartigen Wedel hat, schmal und lang. Ducaslaus Grotkau liest weiter von dem nur wenig ruhenden Molkenteller mit seinem immerwährenden Summen, Schnurren – ihn hat Günther den schnellfliegenden, unbeständigen Molkendieb genannt. Grotkau liest diese Formulierung noch einmal: der schnellfliegende, unbeständige Molkendieb. Und er legt die Zeitschrift auf den Boden.

Ein Hüpfer auf der Kuppe des rechten Schuhs, mehr braun als grün eingefärbt in der Panzerung, sechs Läufe, wie üblich, fast so dünn wie bei einem Weberknecht, nur die Sprungläufe hinten – hochgewinkelt, herabgewinkelt – sind stärker ausgebildet. Noch genauer betrachtet er die Fühler: fast doppelt so lang wie der Körper, und sie führen, leicht geschweift, in einem Winkel von etwa dreißig Grad auseinander. Wieviel läßt sich mit ihnen wahrnehmen, ertastend? Freilich, hätten Menschen Fühler von solchen Proportionen, sinniert Grotkau, so würden die in seinem Fall beinah drei Meter und dreißig messen! Dann käme er nicht mehr ins Haus, ins Zimmer – schon die Türen derart schmal, er müßte die Tentakel eng aneinanderlegen, und es müßte jemand die Tür öffnen, müßte vorausgehen, das Fenster aufmachen, und er würde die Enden der Fühler hinausschieben, die Tür könnte geschlossen werden. Und dann? Ins Bett könnte er sich nicht legen, das müßte drei Meter von der Stirnwand abgerückt werden, so groß aber ist keins der Zimmer im Haus am Jauertor. Also müßte man die Fühler verkürzen. Wenn man seine Fühler ausstrecken kann, und so heißt es doch: die Fühler ausstrecken, sollte man sie auch einziehen können, beispielsweise wie Schnecken. Wären die Fühler jedoch starr am Kopf befestigt wie bei diesem Hüpfer auf der Schuhkuppe, wie wäre dann Bewegung möglich im Wald? Je leerer die Fläche, desto geeigneter zur Bewegung mit solch langgestreckten, leicht wippenden Fühlern. Am einfachsten wäre für Fühlerträger Bewegung in der Wüste, doch in der Wüste wäre am wenigsten zu ertasten. Dort aber, wo Tastreize sich verdichten, käme er nicht

Schiebt seiner Frau die linke Hand unter den Nacken, hebt den Kopf an, der sich schwer macht, flößt ihr Pflanzentinktur ein, die er für sie hergestellt hat: Pfennigkraut, Schafgarbe, Spitzer Wegerich und Hauslauch, Immergrün, Johanniskraut, viel Johanniskraut – alles auf sie abgestimmt. Doch als hätten diese Tropfen sie nur eingestimmt, beginnt Margarete zu sprechen: wie an vielen, sehr vielen Tagen schon hat sie Stunden, Stunden auf ihn gewartet, auf ein Gespräch mit ihm. Sie glaubt, ein Recht darauf zu haben, mit ihm zu reden, dieses Recht nimmt sie sich vor allem, wenn er sich den Aufzeichnungen zuwenden will, seiner Lehrschrift, da versucht sie ihn durch Wörter, vor allem durch Klagewörter festzuhalten am Bett: von A wie Appetitlosigkeit bis Z wie Zahnschmerzen reicht das Alphabet ihrer Molesten, ihrer Malaisen. Schon verklumpt sich Gewölle in ihm – ja, wie Gewölle, das Raubvögel auswürgen: dichte Verfilzung von Fellhaaren, Vogelfedern, zuweilen vermischt mit gebleichten Knöchelchen – das wächst, sich verklumpend, heran unter der Schädeldecke, läßt die Ohren dumpf werden, klumpt sich zusammen auch unter dem Zwerch-fell (resp. plexus solaris).

Und aus verklumpendem Gewölle lösen sich Dutzende, Hunderte von Leuchtkäfern, die durch sein Hirn fliegen, durch seinen Brust-raum, Bauchraum, sich ausbreiten in Armen und Beinen: schweben und gleiten, hin und her, vor und zurück? Und kribbeln, als würden viele Dutzend solcher Leuchtkäfer, vielleicht auch Glühwürmchen, mit ihren winzigen Läufen an der Innenfläche der Haut umhereilen, ziellos durcheinander?

Waren aus ihren Häuschen gekrochen, hat-ten sich umeinander geschlungen, sich verknäult. Demnach hatte jeweils eine Schnecke versucht, möglichst viel von der Schleim-Unter-seite ihres Kriechfußes an die Schleim-Unter-seite der anderen Schnecke zu pressen; aus Kriechbewegungen wie aus Drehbewegungen, so liest er, war diese unregelmäßige Figur ent-standen, dieses Leibknäuel, das sich nicht mehr, fast überhaupt nicht mehr verschob; wenn sich doch mal eine kleine, kaum wahrnehmbare Verschiebung ergab, dann wohl nur, weil eine Fleischpartie schlaffer wurde, und nicht in einer contractio. Wurden durch die Schleimflächen Erregungsstoffe, Erregungssubstanzen (substantiae stimulationis) ausgetauscht, oder drang ein Schneckenglied in den weichen Leib der anderen Schnecke, langsam, so langsam, als wüchse es hinein? Und nun: weich-schleimiges Verharren lautloser Vereinigung? Auch hier, so liest er mit rasch begleitender Feder: Erregung wurde nicht sichtbar, kein Aufschäumen von Schneckenschleim, kein Vibrieren, keine sich wiederholenden Dreh- oder Streckbewegungen der Fühler, da war nur die Fleischverknäuelung, in der die Schnecken ihre Kriechsohlen aneinander preßten, nein: aneinander legten, und er korrigiert wiederum: aneinander schleimten, und er streicht dieses Wort, läßt die Formulierung offen, greift auf: der Eindruck körperlicher Eindringlichkeit war nur entstanden durch die Unregelmäßigkeit der Figur oder configuratio der Verknäuelung. Ein Vorgang, der die Schnecken offenbar nicht erhitzte, sonst hätten sie sich im Schatten gepaart, der ganz nah war: steigerte Sonnenlicht, Sonnenwärme noch die Schneckenlustgefühle? Wiederum: trocknete die Sonne nicht Gleitschleim weg? War die Verknäuelung deshalb so dicht, damit die Kriechsohlen von der Sonne nicht beschienen wurden? Eine fleischige, weichfleischige, gleitfleischige, schleimgleitfleischige Vereinigung, aber die Erregung war nur am Fleischknoten ablesbar, nicht an Bewegungen, mit denen der Knoten sich lockerte, zusammenzog. Waren aus den Häuschen gekrochen, schienen aber nicht aus den Häuschen zu sein. Gerade diese Reglosigkeit: intensivste Erfüllung? Noch immer kein Zucken durch das weiche Fleisch, keine Erregungswellen über die Schrumpelhaut.

Der tagelange Regen, vom Gärtner vorausgesagt, er ist ausgeblieben, also werden auf Feldflächen unterhalb geborstener Teichwälle keine Fische eingesammelt – Augen ausgebeizt, Fleisch glitschig, Geruch faulig – und man muß sie im Matsch vergraben ... Also schwärmen keine Metzger aus – reitend, rudernd – um

Bauern das Vieh abzukaufen, das die nicht mehr füttern können ... Also keine Pfützen und Tümpel, von denen Wolken aus Mücken aufsteigen, die sich, ausgehungert, durch jähe Bewegungen nicht vertreiben lassen, schon gar nicht durch Flüche, Verwünschungen ... Also kein fauliges Wasser, in dem Menschen umherwaten müssen, und Flecken, Blasen entstehen an den Beinen ... Also beginnt das Wasser der Oder nicht zu stinken, als würde karrenweise faules Gras reingeschüttet ... Also wird dort, wo Wasser wegtrocknet, auf dem Erdreich nicht der weiße, gelbliche oder rotbraune Belag entstehn, der zäh ist, fast ledrig, und es wachsen darauf so rasch keine Pflanzen mehr ...

Über der Flanke des Bergkegels, des Zobten, sieht er einen Greifvogel kreisen: vor dem diesigblauen Himmel betont das Flugbild des Roten Milans, der sich, ohne Schwingenschlag, vom Aufwind in Spiralen hochtragen läßt. Grotkau sitzt ab, wartet darauf, daß der Milan sich herabfallen läßt mit angelegten Schwingen: dies wäre der Beweis, daß er aus den Höhen des

Lerchenzwitscherns noch immer ein Lebewesen von der Größe eines Hasen, sogar einer Maus erspähen kann. Er, Ducaslaus Grotkau, sähe aus solcher Höhe die Bergketten, verschwimmend, sähe Wege, Hecken und Häuser, ja, und er sähe den Mann, der abgesessen ist, er sähe das Pferd, wahrscheinlich noch den Sattel, alles Kleinere aber würde sich in dieser Distanz auflösen, wäre wie nicht vorhanden. Der Milan hingegen wird übergenau den dunklen Haarkranz sehen, die braune Schädelhaut, Gesichtshaut, die breit angelegte Nase, den kurzen, gedrungenen Körper.

Der wuchtet sich in den Sattel. Und Grotkau sieht sich, aus der Raubvogelperspektive, weiterreiten in die Ebene. Und in der Minute, in der er sich aufzulösen scheint im Flirren, könnte sich der Rote Milan mit angelegten Flügeln herabfallen lassen, und er spreitet dicht über seiner Beute die Schwingen, fächert die Schwanzfedern aus, streckt die Läufe vor, schlägt die spitzen Krallen in

Der Gärtner, beim vorigen Besuch des Doktors plötzlich verstummt, der Lischek saß in der letzten Reihe der Männerseite, in der hohen, innen wie außen rauchgeschwärzten Kirche St. Peter und Paul, und er tat, was Grotkau nicht erwartet hätte bei einem Mann, der seit mehr als zwanzig Jahren mit Pflanzen umgeht: richtete sein Messer gegen sich. Die Gemeinde sang; vielleicht hat er mitgesungen, der Lischek Karl, zumindest die erste Strophe des Liedes, um nicht aufzufallen, eventuell noch die zweite, dritte Strophe, heiser vor Angst, in der Halsschlagader rasendes Pochen – ja, er setzte sich die Messerspitze an die Kehle (resp. guttur), stach zu, während die Gemeinde sang, stach zu mit jähem Ruck, doch seine Kraft reichte nicht aus, Schwermut hatte die Bewegung gedämpft. Blut, heiserer Schrei, Blut. Und Medicus Günther, neben der Kirche wohnend, sollte geholt werden, doch er war ausgeritten, also holte man ihn vom Haus am Jauertor. Sofort legte er eine Kompresse auf. Lischek stumm, Augen geschlossen, und ihm selbst fiel nicht ein Wort ein, anklagend oder ermunternd, er tat das Notwendige, als würde er sich selbst dabei zuschaun, von weit her, von oben herunter, ja: wie von der Höhe des Gewölbes herunter, scharfäugig.

Ducaslaus Grotkau am Bett seiner Frau; er sitzt hier länger als sonst, hält ihre Hand, um nicht sprechen zu müssen. Wiederholung der Litanei ihrer Molesten, ihrer Malaisen: ennr Appetitlosigkeit, zwennr Übelkeit, drennr Zahnschmerzen, fennr Kopfschmerzen. Und er muß sie abtasten, weil etwas weh tut im Bauchraum, und lösende Griffe, weil es im Nacken, in den Schultern zieht, spannt, zerrt. Als er schließlich ihren Oberarm anfaßt, Oberschenkel berührt, stöhnt sie auf: auch dort, genau dort sitzt Schmerz, und er faßt sie zu hart an, kann immer nur schmerzhaft fest zupacken, hat überhaupt zuviel Kraft, überschüssige Kraft, behauptet sie, und macht sich klein im Bett, zieht die Decke ans Kinn.

Und Flimmern, Flirren im Blick, auch Schlieren. Und Kribbeln unter der Haut. Und Pochen, dumpf, in den Ohren. Und Pulsen im Hals. Er preßt den gestreckten Zeigefinger in die Kehle, dort, wo die Schlagader pulst, preßt den steifen Finger noch tiefer hinein, dorthin, wo die Stimmbänder sind, und wenn er nach Stanowitz kommt, zum kranken Kind, wird seine Stimme heiser sein, gepreßt, und man wird das rote Mal am Hals sehn, als hätte, in wilder Umarmung, eine Frau

Der Physicus hatte Pfennigkraut, Schafgarbe, Spitzen Wegerich, Eichenblätter, Kerbel, Bibernell, Wollkraut, Hauslauch, Fettehenne, Immergrün und weitere Pflanzen ausgepreßt, hatte ihren Saft mit Weinessig vermischt, hatte diese Mixtur destilliert. Das Husten hinter der Zwischenwand, das Bettknarren, Husten. Mäusetrippeln in der –

Die erste Erprobung des Wundbalsams verlief, wie Grotkau in der Zeitschrift liest, folgendermaßen: einem Hund wurde ein schmiedeeiserner Nagel in den Schädel geschlagen, so tief, daß die Nagelspitze die Gaumenplatte durchbrach – dort sollte das Blut abfließen; der Nagel wurde aus dem Hundeschädel gezogen, Wundbalsam wurde ins Nagelloch gespritzt; der Hund zitterte heftig, leckte dennoch ein wenig Suppe. Das Husten, das Trippeln, das –

Hoffmann, der Arzt, ließ das Tier in seine Wohnung tragen; dort geiferte der Hund, erbrach sich mehrfach, das starke Zittern setzte sich fort. Die Nacht über blieb er jedoch ruhig, sicherlich unter Einwirkung des Wundwassers; aus der Gaumenpenetration jedoch sickerte Eiter. Gegen Morgen begann der Hund im Zimmer herumzulaufen, mit tief gesenktem Kopf; ständig lief er im Kreis, über Stunden hinweg. War das Gehirn durch den Nagel beschädigt worden, oder war das Eisen durch den Spalt, die Mittelfurche des Hirns gedrungen, ohne substantiam cerebri zu lädieren? Ein weiterer Versuch wurde notwendig.

Er hat Gärtner Lischek eine frische Pflanzenbrei-Kompresse auf den Hals gelegt, hat ihm ein Heilmittel eingeflößt: Pfennigkraut, Schafgarbe, Spitzen Wegerich, Eichenblätter, Kerbel, Bibernell, Wollkraut, Hauslauch, Fettehenne, Immergrün und Johanniskraut ausgepreßt, den Pflanzensaft mit Weinessig vermischt, diese Lösung destilliert – mixtum compositum von Heilpflanzen, die sich jeweils bewährt haben, auch in ähnlichen Zusammensetzungen, doch entscheidend ist das Mischungsverhältnis, speziell für den Gärtner bestimmt: hoch der Anteil an Johanniskraut! Diese Tinktur muß und wird der Patient täglich fünfmal trinken, dann wird die Messerwunde im Hals rasch verheilen, und die jähe Handlung wird nicht mehr den schwächsten Reflex finden in der Erinnerung des Gärtners, er wird wieder Blick und Sinn entwickeln für die Pflanzen, von denen er sich losgeschnitten hat, er wird zurückfinden in seine gelassenen Bewegungen, pflanzenhafte Ruhe wird heranwachsen in ihm. Und diese Pflanzenruhe faßt so tief Wurzeln in ihm, breitet sich aus mit so vielen Ästen, Nebenästen, trägt so reichlich Blätter, Blüten, Früchte, daß kein Spielraum mehr bleiben wird für brüske Handlungen, gegen den eigenen Körper gerichtet. Die Innenpflanze, sie wird Wurzeln fassen im Sonnengeflecht (plexus solaris) unter dem Zwerchfell: von dort aus werden die Wurzelfasern, den Nervenbahnen folgend, in den Unterleib wachsen, in die testes, in Beine, Füße, werden sich zugleich ausbreiten in Brust, Schultern, Armen, Hals und Kopf, unablässig wird Pflanzensubstanz nachkeimen im Sonnengeflecht, und schließlich wird der Gärtner reglos in der mitwachsenden Betrachtung von Pflanzen.

Im Garten vor der Stadt, an der Hütte zwischen Apfelbäumen, Birnbäumen, Pflaumenbäumen, betrachtet Grotkau einen Segelfalter, der am sonnenwarmen Holz des Wasserfasses hochkriecht, langsam, wiederholt verharrend, als wäre er krank oder nach langem Flug erschöpft. Auf dem dunklen Holz betont das gelbe Weiß seiner Flügel; an den Vorderrändern der Hauptflügel setzen jeweils sieben schwarze Linien an, breit, die sich – schmaler werdend – nach hinten fortsetzen; am Außenrand der Hinterflügel vier hellblau gesäumte Halbbögen; in der Mitte ein lichtblauer, schwarz eingefaßter, von Orange betonter Doppelfleck; lange schwarze Spitzen an den Hinterrändern dieser kleineren Flügel. Als der Schmetterling den offenbar wärmsten Fleck auf dem Faß erreicht hat, verharrt er, breitet die Flügel noch weiter aus. Und nun, da die vier Flügel völlig geöffnet sind, setzen sich jeweils zwei der keilförmigen schwarzen Linien der Vorderflügel auf den Hinterflügeln fort – dies mit einer solchen Genauigkeit, als wäre eine Lupe benutzt worden beim Ziehen dieser Linien. Grotkau hat oft beobachtet, daß sich Vorderflügel und Hinterflügel der lepidoptera sehr unterscheiden können in der Zeichnung, in den Farben. Und beim Tagpfauenauge, das die Flügel breitet, betonen sich die Augen auf den Vorderflügeln, die Augen auf den kleineren Hinterflügeln dagegen sind meist – zum Teil – überdeckt von der Innenseite der. Vorderflügel, lassen an die Augen von Schwermütigen denken, in den Winkeln schräg verhängt von Fleischhaut. Hier aber, beim Segelfalter, sind die beiden innersten Linien jeweils durchgezogen auf den gespreiteten Flügeln.

Warum diese Genauigkeit, die auch unter den scharfäugigsten Feinden des Segelfalters nicht wahrgenommen wird, nicht einmal bei ruhigem Gleitflug, schon gar nicht beim Flügelschlag, der diese Linien unterbricht? Eine Minute, bestimmt eine Minute lang betrachtet er die vier durchgezogenen Linien; der kauernde Mann atmet tief durch. Dann schrägt der Segelfalter die Flügel: schon sind die schwarzen Linien unterbrochen. Wer wird als nächster wahrnehmen, wie sich hier eine Linie in der anderen fortsetzt, wie zwei Linien jeweils zu einer einzigen Linie werden?

In der Zeitschrift berichtete Johann Günther vom Nachtleuchtenden Schildkrötenwürmlein: hat den ersten dieser Käfer in einer kühlen Nacht gefunden, hat ihn aufgehoben, in ein Schnupftuch gebunden, hat ihn am nächsten Morgen genau betrachtet: schuppiger brauner Körper, in der Mitte von scharfwinkligem Schild bedeckt, dunkelbraun, und kleine Fasern auf dem Kopf, den konnte er unter dem Schild hervorschieben, unter ihn zurückziehn; wurden

Kopf und Füße eingezogen, ließ sich nicht unterscheiden, wo vorn, wo hinten war. Johann Günther hat keinen Namen für dieses Insekt gekannt, hat ihm selbst einen Namen gegeben: Nachtleuchtendes Schildkrötenwürmlein. Und Grotkau wiederholt, halblaut: Nachtleuchtendes Schildkrötenwürmlein... Schnellfliegender, unbeständiger Molkendieb ... Molkenteller auf der Rose von Jericho ... Er klappt das Heft zu, schlenkert es ins Gras am sonnenwarmen Faß.

Und er liest, mit begleitender Feder, wie der Käfer festhängt, schräg, auf dem Rücken des Weibchens, und das spitze Ende seines Hinterleibs ist nach vorn gebogen, eingekrümmt, ist an den gleichfalls spitzen Hinterleib des Weibchens gepreßt, und es geschieht, was er, Grotkau, nie deutlich gesehen hat, dennoch ist er sicher: es wird ein tentakelähnliches Geschlechtsteil in eine Öffnung des Weibchens hineingeschoben, hineingestoßen, reingeschoben, reingestoßen. Nach diesem wahrscheinlich kurzen, wahrscheinlich nur kurzen – jedenfalls verharren die beiden Käfer reglos, wobei –

Und er schaut auf die ovalen, hellgrünen, kurzgestielten Blätter des Zitronenzweigs auf der Fensterbank, hört das Mäusehuschen, Mäuserascheln in der Decke, hört kurzes Knarren nebenan, zwingt sich, weiterhin die Aufzeichnungen zu sichten, zu überarbeiten: wahrscheinlich haften an den Enden der Käferbeine klebrige Sekrete, so daß sie, so daß die Beine an der glatten Oberfläche des Weibchens nicht abrutschen oder: es befinden sich kleine Haken an den Beinschienen, diese Haken setzen sich fest an den Seitenkanten von Halsschild oder Flügeldecke. Erstaunlich ist, erstaunlich bleibt für ihn die Reglosigkeit der Käferpaarung, die Lautlosigkeit: zu erwarten wäre beispielsweise, daß Käfer mit ihren Panzern aneinanderklappern, beziehungsweise: daß die ebenfalls befestigten Unterseiten der Männchen hörbar auf die Rückenpanzer der Weibchen schlagen, doch die Begattung, Begattung – lautlos das Umklammern, lautlos das Eindringen, lautlos die –

Und er schaut auf den Zitronen-Zweig, horcht auf das Mäusetrippeln, hört das Husten, das würgende Husten nebenan, begleitet wieder, was er vor Jahren geschrieben hat, mit der Feder: denkbar, daß während der Paarung ein Lockstoff, Duftstoff entwickelt wird, der die Fortsetzung der copulatio begleitet, fördert, vielleicht auch rhythmisches Ausstoßen von Duftstoffen, womöglich phasenweise beschleunigtes Ausstoßen von Duftstoffen, schließlich verdoppeltes Aufblühen von Duftstoffen, die sich durchdringen, durchmischen, durchdringen, mischen, und zuletzt ein Duftschrei?

Er, Ducaslaus Grotkau, der sonst einschlief mit der Selbstverständlichkeit, mit der sich Blüten in der Dämmerung schließen, er liegt wach, obwohl er länger gearbeitet hat als sonst, liegt wach seit Stunden, erlaubt sich dennoch keine jähen Bewegungen, will nicht Margaretes Klagewörter anlocken, Klagewörter über einen Traum, der sich wiederholt: Das Feuer, das mehrere Häuser der Stadt weggefressen, sich auch in die Peter-Paul-Kirche hineingefressen hat, vor Jahren, vor etlichen Jahren, es glimmt, glüht, flammt wieder auf, und knisternd, knakkend, krachend frißt es Holz von Büschen und

Bäumen, Holz von Häusern, da hilft nichts, wenn sie Brotstücke, Brote ins Feuer wirft, schreiend, damit es sich satt frißt, der Bauch des Feuers bleibt hohl, und heißhungrig frißt es sich weiter vor, frißt weg, frißt weg, frißt weg, und sie wirft ihm Brote, Brote zu, doch das Feuer – ja, diesen Traum muß sie loswerden, also muß er sich wiederholt dies Feuerlamento anhören. Und er?! Die eigenen Wörter zurückhalten, den eigenen Redestrom aufstauen, damit andere sich an ihn wenden können? Ja, man ruft ihn auch, um in seiner Gegenwart zu reden, zu reden – Überschütten mit Wörtern! Und seine Frau, sich ihm gegenüber sonst kühl verhaltend, äußerst kühl, distanziert: überschüttet ihn mit Wörtern! Von Wörtern überschüttet, fällt er in sein Schweigen zurück, und dieses Schweigen ist keinem eine Frage wert. Die Apfelbäume, Birnbäume? Ein Johannisbrotbaum, womöglich ein Zitronenbaum? Schmetterlinge, Schnecken, Leuchtkäfer? Der Nagel im Hundeschädel? Der Gärtner? Das Gefühl, es steigt auf in ihm, will raus, kann nicht raus, schon glaubt er einen Kropf zu haben, einen vorgewölbten, luftabpressenden Kropf: Gewölle, hochgeschoben, hochgepreßt in die Kehle, Wortgewölle, und einmal, irgendwann mal, wird er das auswürgen über Behältern, in denen er Tinkturen mischt, auswürgen am Fensterbrett, neben dem Zitronen-Steckling, auswürgen über dem Arbeitstisch, Wortgewölle, Wortgewölle, und er wird schreien, zwischendurch, damit Gewölle nicht im Hals steckenbleibt, wird aus dem Zimmer laufen, wird Wortgewölle vor Margaretes Tür würgen und Wortgewölle würgen auf ihre Bettdecke! Die Angst, ja, zu ersticken, wenn er sich von all den miteinander verfilzenden, verklumpenden Wörtern nicht befreit: wird er die nicht endlich, endlich los, kann nur ein Schrei helfen, jäher, heftiger Schrei, so laut, daß er selbst einen hoch über Striegau kreisenden Bussard oder Milan erreicht.

Und wenn den Gärtner die Pflanzentinktur nicht heilt? Obwohl in diesem mixtum compositum das Johanniskraut einen so großen Anteil hat? Tüpfel-Johanniskraut … Johannisblut … Blutkraut: roter Saft, den er aus Blüten preßte, ätherisches Öl – und das sollte nicht helfen beim Lischek Karl, aufhellend? Und es hilft auch nicht, daß er, Grotkau, sich zu ihm setzt? Wo sich Schwermut erst mal eingefressen hat, frißt sie auch Wörter mit, schluckt sie. Den Gärtner könnte nur ein Wunder aufheitern, ein für ihn rasch heranwachsendes Wunder: ein Zitronenbaum ... ein Schmetterlingsbaum ... ein Paradiesbaum ... Setzling, der sich im vielfach überschwemmten Boden des Koy-Anger entwickelt zu einem Bäumchen mit zitronengelben, in feiner Zeichnung schwarz gestreiften Blütenblättern, und die müßten so groß werden wie Handflächen, müßten am hochschießenden Stengelstamm so lang werden wie Arme, und diese übergroßen Blütenblätter bewegen sich langsam wie Flügel eines Schmetterlings, der auf sonnenwarmer Fläche ruht, und in einer Minute der Reglosigkeit setzt sich die schwarze Linienzeichnung eines der Blütenflügel fort auf dem nächsten Blütenflügel: schon ist keine Heiserkeit mehr in Lischeks Stimme, und alle Schatten, düsteren Schemen in seinem Kopf sind

Heimritt, durch Eichenwald: Grotkau hält an, sitzt ab, bindet den Zügel fest an einem Ast, geht einige Schritte vom Pferd weg, ist umgeben von Tausenden gleicher, winziger Geräusche: Raupen in Baumkronen über ihm, Raupen in Baumkronen rechts von ihm, links von ihm, hinter ihm – Tausende von Raupen reißen, nagen Eichenblattgrün, fressen mit tödlicher Gleichmäßigkeit, scheiden ebenso gleichmäßig Kotkügelchen aus, klein wie Sandkörner, schwarz, und diese harten Kügelchen fallen auf Blätter unter den grünen Raupen, auf Blätter, die noch nicht abgefressen sind, schnellen auf noch tiefere Blätter, das klingt wie Nieselregen eisharter Tröpfchen, und nicht das geringste Anschwellen oder Nachlassen dieses Knisterns, in dem sich Zerfetzen von Blattflächen und Aufprallen von Kotkügelchen auf Blattflächen nicht unterscheiden lassen.

Obwohl die Halswunde gut verheilt unter der Kompresse mit Pflanzenbrei, obwohl er die Tropfen der Pflanzentinktur einnimmt, riecht Lischek nicht wie jemand, der gesund wird, gesund ist. Ja, Grotkau kann sich auf seine Geruchswahrnehmungen verlassen: riecht sofort, wenn ein Mensch krank ist! Dies sogar bei Menschen, die ihn selbst nicht zu sich rufen: spricht er mit der Mutter oder Schwester, mit dem Bruder oder Onkel eines Kranken, einer Kranken, und er nimmt süßlichen Geruch wahr mit einem Hauch Bitterstoff, so weiß er: Molesten mit Magen oder Nieren. Und wenn er auf den Kopf zusagt, sie oder er sei nicht gesund, so wird das, nach kurzem Erstarren der Überraschung, meist eingestanden mit der Frage, woher er das wisse. Riecht es ... Kann auch riechen, ob eine Person dem Geschlechtstrieb folgt oder sich zur Enthaltung zwingt, zur Enthaltung gezwungen wird: säuerliches Aroma molkig ausflockender Substanz. Dies verdichtet beim Lischek, und daraus läßt sich schließen: Kribbeln unter der Haut und Druck von innen auf die Augäpfel, damit Flirren, Flimmern im Blick, auch Schlieren, und

51

Grotkau liest, daß auch der zweite Versuch der Anwendung des neuen Wundbalsams kein klares Ergebnis brachte. Diesmal schlug man den Nagel waagrecht »zwischen den Augen und Ohren hindurch« in den Schädel des Hundes; der Gaumen wurde auf diese Weise nicht penetriert. Der Hund aber wurde taub auf einem Ohr, blind auf einem Auge, lahm auf einer Seite; zur Bewegung, und sei es zur kreisförmigen, war er nicht mehr fähig; Heilwirkung des Balsams war kaum nachzuweisen, obwohl es auch diesmal ins Nagelloch gepreßt wurde; der Hund lag und zitterte, Eiter suppte aus der Wunde; das Tier starb.

Ein dritter Versuch wurde notwendig, nicht nur aus medizinischen Gründen: die beiden Experimente wurden unter Kollegen ausführlich, eingehend erörtert. Einige äußerten die Meinung, man könnte dem Hund ja gleich den Kopf abschneiden – nicht mehr heilbar die Verletzung substantiae cerebri. Andere vermuteten, der Versuch sei vorgetäuscht worden durch einen Taschenspielertrick, ein Gaukler-Kunststück: so wie man sich einen Dolch an den Hals oder ans Herz setzen und mit scheinbar heftigem Ruck tief hineintreiben könne, während sich, in Wirklichkeit, der Dolch zusammenschiebe, so müsse es sich mit dem großen Nagel verhalten haben. Hoffmann war gezwungen, den Versuch zu wiederholen vor etwa zwanzig Ärzten. Diesmal wurde der Nagel wieder senkrecht in den Schädel eines Hundes gehämmert, durch den Gaumen hindurch. Auch diesmal konnte der Wundsaft die Entstehung von Eiter nicht verhindern – Sekret sickerte dem zitternden Hund aus dem Maul. Dennoch: daß er nach diesem Eingriff nicht sofort starb, sondern mehrere Tage überlebte, darin sahen auch kritische Kollegen eine Wirkung des Wundbalsams.

Der Bauer ist nicht weichgebacken, sagen sie, der läßt sich nicht gleich niederschmeißen, schon gar nicht läßt er sich aufs Bett schmeißen, wer sich aufs Bett schmeißen läßt, sagen sie, der steht womöglich nicht mehr auf, und das Krankenbett wird zum Totenbett; also bleiben sie auf den Beinen, selbst, wenn die Knie weich sind, selbst, wenn die Muskeln zittern –

die Natur, so reden sie sich ein, hilft sich selbst oder: besser als Heilmittel des Arztes sind Hausmittel. Tausendgulden, Flieder, Schafgarbe und Krauseminze, Pfefferminze, Baldrian, Eberwurz und Lerchenschwamm – irgendwas davon aufgebrüht als Tee, angesetzt in Kornschnaps, und kaum ist das getrunken, wird die Bäurin wieder munter, wird der Bauer wieder rüstig. Plötzlich aber schmeißt es einen doch, und er, der Physicus, wird gerufen, weil schwacher Tee und starke Worte nicht mehr helfen. Meist am sehr frühen Morgen das Klopfen: Stirbt, stirbt, stirbt, der Doktor muß kommen!

Ja, viel zu oft wiederholt es sich, daß man ihn erst in den letzten Stunden ruft, und dann erwartet man Wunder von ihm. Der diesmal vor ihm liegt, ist ein Bauer von sechsundfünfzig Jahren; rauher Atem, verquollene Augen, Schweiß auf der Stirn. Der Tod ist ihm ins Gesicht geschrieben, in irisierenden, opalisierenden Buchstaben, diese Schrift kann der Arzt nicht mehr löschen. Doch alles im Haus wartet auf sein Wort gegen die Krankheit, sein Machtwort gegen den Tod – er sieht, und er sagt, daß er zu spät gerufen wurde. Der Bauer schnauft so schwer, als säße ein Alp auf Brust und Hals; die Lippen blau angelaufen, in dieses Blau scheint sich erstes Schwarz zu mischen; in den Mundwinkeln Schaumflocken, die wischt er weg. Und flößt dem Hechelnden, Ächzenden, Stöhnenden, Röchelnden etwas Kräutertee ein, gegen den Durst. Es wird gemurmelt im Raum, wird gebetet.

Er geht hinaus, schlendert im Hof umher, holt tief Luft, und in diesem Moment japst und schnauft der Sterbende, schon ist er wieder im Raum, es gluckst aus der Brust des Bauern, und er ist still. Er legt das Ohr an die Brust, und ihm fällt ein, daß man in der Neujahrsnacht das Ohr an den Boden legen soll, um Kommendes, Künftiges zu hören, doch hier ist keine Zukunft mehr. Und weil es sehr warm ist im Haus, weist er die Familie an, den Toten auf Stroh zu legen, zu waschen. Flinke Bewegungen, die er wahrnimmt mit halb geschlossenen Augen. Rasch ist der Tote entkleidet, liegt in der düsteren Stube schimmernd, als begänne schon das Irisieren. Er verläßt das Haus. Im Osten wird der Himmel porzellanfarben, mit aufgehauchtem sanftem

Grün; Baumkonturen betonen sich, Vogelzwitschern verdichtet sich; die porzellanfarbene Fläche überzieht ein Blau in dünnster Lasur.

Angst, zuweilen die Angst, Keime in der Stickluft einer der Siechenstuben könnten auch ihn anstecken, er wird krank. Und wenn er sich Tropfen seiner Tinktur noch so oft vorzählt: Fieber und Kopfschmerzen oder Brustschmerzen oder beides zugleich und Krämpfe, womöglich Koliken, und er beginnt süßlichbitter zu riechen, und Haut schwärt, Fleisch schwillt, Eiter suppt, und schließlich kommt er, Ducaslaus Grotkau, nicht mehr aus dem Bett, und seine Frau, im Bett neben ihm, kann ihm nicht helfen, also muß er den Kollegen rufen lassen, Physicus Günther, und der sitzt am Bett, schweigend, schweigend.

Liegt wach, liegt wach seit Stunden, doch er dreht, wendet sich nicht im Bett, wirft sich nicht herum, das könnte seine Frau wecken und viele Klagewörter in ihr. Reglos bleibt er auf dem Rücken liegen: sieht sich reiten, reiten, wie von Flügeln getragen, vom Wind getragen, ja: mit Flügeln windgetragen! Schon erhebt sich zur Rechten, weit draußen, der Kegel des Zobten, schon erreicht er Breslau, schon sitzt er mit dem Buchhändler am Tisch im Gasthof, Fleisch und »Schöps«, schon gehen sie über den Neumarkt, den Salzmarkt, gehen durch Straßen, durch Gassen, gehen ins Haus der

Wie aus anderer materia gefertigt sein membrum virile, sein scrotum, notiert Grotkau; seine genitalia saugen Körpergefühl – sonst gleichmäßig verteilt zwischen Schädeldecke und Fußsohlen – in sich hinein, scheinen sich genauer zu umreißen als, beispielsweise, Schultern oder Knie, und diese betonten Konturen, schreibt er hastig, bereits vor der stimulatio, der erectio. Zusätzlich Ziehen im Wurzelwerk der genitalia. Und dieses Wurzelwerk

57

scheint sich nachzubilden im Kopf, scheint substantiam cerebri anzusaugen, gleichzeitig scheint es Erregungsstoffe (substantiae stimulationis) auszubreiten, die das Gehirn quasi durchtränken, intermittierend.

Rückritt von einem Kranken, Abstecher ins Terrain der Eichen: grüne Raupen an Gespinstfäden, in der Brise schaukelnd. Unter manchen Bäumen hängen Raupen zu Dutzenden, pendelnd und ruckend – fast ein Vorhang, durch den er reitet. Und schon grüne Raupen am Haarkranz, grüne Raupen auf dem Tuch seines Anzugs, grüne Raupen auf dem Pferdefell. Er sitzt ab, streift Raupen von den Haaren, schnippt Raupen von der Hose, der Jacke, vom Schuh. Weiterhin das Geräusch kleiner, harter Regentropfen, gleichmäßig wie bei Landregen ohne Wind: es regnet, regnet Kot, in winzigen Kügelchen oder: es regnet, regnet, regnet schwarze Aschekörner. Die fallen weiterhin auf Blätter, die noch nicht weggefressen sind, schnellen von ihnen ab, fallen auf tiefere Blätter, jedoch, er sieht die herabfallenden schwarzen

Kügelchen nicht, sieht nicht ihr Abschnellen, Umherzucken, entdeckt sie erst auf dem Boden. Und sieht nicht die fressenden Raupen, die liegen dabei auf Blättern, die kriechen in eingerollte, mit Gespinstfäden zusammengezogene Blätter.

Er zieht ein Messer, markiert durch Rindenschnitte einen Baum, dem die Raupen der Eichenwickler kaum ein Blatt gelassen haben: Wird sich zu St. Johannis wenigstens der Ansatz einer zweiten Belaubung zeigen?

Er schaut zu, wie Raupen mit Seidenfäden ruckend heruntergleiten, wie sie pendeln, und die Hinterleiber krümmen sich ein, strecken sich, und weiter rucken die Raupen herunter, bis sie erneut Halt machen, hoch in der Luft. Manche Raupen bleiben im Schwebezustand für Minuten, lassen sich dann langsam weiter herab, andre gleiten rasch hinunter mit dem Faden, der aus ihnen herauswächst – schon werden sie vom elastischen Gespinstfaden aufgefangen, in der Schwebe gehalten. Windgeschaukelt, windverteilt. Etliche Raupen verfehlen Blatt nach Blatt, senken sich weiter, weiter herab, bis sie – beispielsweise – auf einem Grasbüschel landen. Und gleich beginnt solch eine Raupe mit den Bauchfüßen auf dem Halm zu kriechen, bis hin zur Spitze; Suchbewegungen dort mit langsam schwingendem, vom Halm gelöstem Vorderleib, das Raupenmaul erreicht kein neues Eichenblatt, und auf das Fressen von Gräsern kann sich die Raupe des Eichenwicklers nicht umstellen, Gräser lassen sich auch nicht zu Röllchen wickeln, an Grashalmen kann sie sich nur entlangbewegen – der Halm biegt sich herab mit der grünen Raupe an der Spitze, bildet einen Halmbogen.

Und im Kopf des Ducaslaus Grotkau entfaltet sich weiterhin der Schmetterlingsbaum, Paradiesbaum. Die Formen, Farben seiner langsam schwingenden, spannenlangen Blütenblätter schaut er – auf seinen Krankenritten – Schmetterlingen ab. Also wachsen am Wunderbaum für Karl Lischek neben zitronengelben, schwarz gezeichneten Flügelblättern auch rotbraune Blütenblätter mit blauen Augenflecken, auch leuchtendgelbe Flügelblätter mit schwarzen Randstreifen, auch Blütenblätter, auf die ein griechischer Buchstabe gezeichnet scheint, ein Gamma: durch die Luft getragener Buchstabe, den Menschen nicht sehen können, den nur höher fliegende Vögel sehen könnten, scharfäugig: Buchstabe, der von der Gamma-Eule in der Minute dutzendfach gezeigt und verborgen wird, flimmerndes Gamma hoch über allen Menschenköpfen, für Karl Lischek aber in Augenhöhe herabgesenkt auf Blätter des Schmetterlingsbaums. Gibt es auch Falter mit einem Alpha oder Beta, einem Delta oder Epsilon auf den Flügeln? Wenn der Gärtner es lernte, solche Schmetterlingslettern auf Blütenblättern zu erkennen, zu lesen: Trost für ihn, Zuspruch?

Im Gärtner öffnet sich eine Sprachkaverne, jäh, heftig: Lischek, etwa vierzig, ist verliebt, schon seit vielen Wochen, in Johanna, fünfzehn, Tochter des Schusters in der Wittiggasse. Ihr Vater hatte sie, als sie zwölf war, mit einem Schustergesellen aus Järischau verlobt; der soll einmal die Werkstatt in der Wittiggasse übernehmen – zu drei Töchtern ist dort kein Sohn gekommen. Johanna kann diesen Schustergesellen nicht ausstehn.

Der Gärtner und Hanna, sie haben sich kennengelernt auf dem Kirchweihfest, haben miteinander getanzt, es ist ihnen sogar gelungen, unbeobachtet den Saal zu verlassen, Umarmung im Dunkeln. Zwar versuchten sie unauffällig, also getrennt, in den Saal zurückzukehren, aber sie wurden von einem Vetter beobachtet. Seither wird, so der Gärtner, jeder seiner Schritte in Striegau von vielen Augenpaaren verfolgt, ja, Lischek hat das Gefühl, die gesamte Oberstadt sei vom Schuster verpflichtet worden, jede Annäherung des Gärtners an sein Revier sofort zu melden. Biegt er von der Schweidnitzgasse in die Kleine Quergasse ein, so wird er bereits in der Kirchgasse beobachtet; geht er die Kirchgasse aufwärts zur Neugasse, so beobachtet man ihn aus der Barbaragasse. Die Schusterstochter allein zu treffen, irgendwo, ist unmöglich – der Schuster hält sie fast ständig im Haus, und wenn sie sich in der Stadt bewegt, so wird sie von einer ihrer Schwestern begleitet oder von der Mutter, einer Tante – sie wird oft flankiert! Dennoch hat der Schuster härteste Strafen angedroht für den Fall, daß sie den Gärtner trifft, mit ihm auch nur ein Wort wechselt.

Lischek, der in Breslau die »Orangeriegärtnerkunst« erlernt und in Schweidnitz bereits in jungen Jahren geheiratet hatte, dessen Frau an Typhus gestorben war, er lebt seit mehreren Jahren allein. Ein untersetzter, kräftiger Mann, und er hat sich in Hanna auf das heftigste verliebt, er begehrt sie. Grotkau hat sie ein paarmal gesehn, er kann den Gärtner, den Karl verstehen: ein dickliches Mädchen, aber die Brüste trägt es hoch, und sie wirkt, wenn sie lächelt, pflanzenhaft sanft. Die Leidenschaft des Gärtners ist wahrhaft verzehrend: sichtliches Abmagern des Mannes vom Koy-Anger. Dennoch klagt er über Völlegefühle: obwohl er nur wenig ißt, kommt es ihm vor, als sei der Magen prall gefüllt – etwas, das sich nicht auflösen will. Grotkau notiert einen Vergleich: wie eine kopfgroße Kugel zusammengepreßten Gewölles, und in den Federn, Fellhaaren, Fellfetzen einige Knöchelchen, die sich schmerzhaft in die Magenwände bohren. Zuweilen fährt Karl in der Nacht hoch – heftigste, krampfartige Magenschmerzen! Und er steht auf, eilt hin und her im winzigen Zimmer der Kate, bleibt zuweilen stehen, schlägt die Stirn an den Türrahmen, hart und schnell wie ein Specht, das bringt aber kein Vergessen, damit betäubt er höchstens die Schmerzen im Bauch. Wie zerschlagen dann wieder ins Bett. Sobald er am nächsten Tag, übernächtigt, die Schweidnitzgasse betritt, Richtung Markt geht, ist die kleine Stadt für ihn nur wieder ein – so formuliert das Grotkau in seinen Notizen – geschickt angelegtes System zur Beobachtung seiner Person. Sogar von Kirchen herab fühlt er sich erspäht, und wenn er – von Sehnsucht, von Verlangen getrieben – zur Oberstadt geht, winkt man von Peter und Paul hinüber zum Türmchen der Karmeliterkirche, des Karmeliterklosters, von da an Klopfzeichen an Zwischenmauern bis hin zum Haus des Schusters, und der packt den Hammer fester: er wird, so hat er gedroht, den Gärtner niederschlagen, falls der es wagen sollte, auch nur in die Nähe seines Hauses zu kommen. Mit rasendem Herzschlag schaut der Gärtner aus der Barbaragasse oder vom Marktplatz kurz in die Wittiggasse, gleich zieht er sich wieder zurück, mit Flimmern, Flirren, wahrscheinlich auch mit Schlieren im Blick, mit dumpfen Pochen in den Ohren. Er scheint besessen von der Vorstellung,

Hanna in die Gärtnerkate zu holen, mit ihr zu schlafen, doch alles in der Stadt hat sich gegen ihn, gegen die beiden verschworen. Und er macht seine Arbeit wie in einem bösen Traum. Vergißt zuweilen Aufträge; steht unschlüssig, untätig herum. Die Angst, der Schuster könnte Johanna noch früher als geplant mit dem Gesellen aus Järischau vermählen, bloß um ihm, Lischek, den letzten Rest seiner fast völlig zerstörten Hoffnung zu rauben. Er, Lischek, hat sich in vielen Nachtstunden ausgemalt, wie er nach Järischau wandert, dem Schustergesellen auflauert, der einundzwanzig Jahre jünger ist, ihm das Messer an den Hals setzt und so den Verzicht auf Hanna erzwingt. Weil der Schustergeselle das verweigern wird, malt er sich Rache aus – wiederholt, wiederholt der Griff zum Messer und: Halleluja, der Sack ist ab! Soll dann halt verbluten …! Verstörung darauf in Järischau, Striegau, notiert der Doktor, und in diesem Durcheinander könnte es dem Gärtner gelingen, mit Hanna zu fliehn, nach Breslau, und sie mieten ein Zimmer, verdingen sich in der Orangerie der fürstlichen Gärtnerei, stehen damit unter dem Schutz des nachsichtigen Fürsten, und keiner der Verwandten aus Järischau wird es wagen, Hand an ihn, an sie zu legen ...

Aber ein Breslau, in dem er mit Hanna ein Zimmer teilt – das ist für den Lischek noch weiter von Striegau entfernt als Moskau! Nicht einmal einen Zettel kann er Hanna zustecken! Schon mehrfach war er mit dieser Absicht in die Messe gegangen, in Peter und Paul, wollte Hanna beim Betreten der halbdunklen Kirche das Brieflein in die Hand schieben, doch näher als zwanzig Schritt kam sie nicht heran. Und er saß wie blind und taub in der letzten Bank der Männerseite. So weit, so hoch der Kirchbau auch sein mag – die Mauern, selbst die Gewölbe schienen aus schwärzlich matschiger Masse zu bestehn, die auf ihn herabsank, lautlos, erstikkend. Gleich nach dem Segen verließ er die Kirche, sah nur noch Hanna vor sich, konnte nur noch an Hanna denken, und in der Gärtnerei schlug er mit geballter Faust auf Glied und Hoden, daß er sich einkrümmte vor Schmerz inmitten der Pflanzen. Deren Grün schien zu krumpeln, zu schrumpeln, roch süßlich wie Aas.

Nie, so notiert Grotkau, und stellt fest, daß seine Schrift fahrig wird, wild auszackt, doch er kann die Buchstaben nicht einfangen, bändigen, zähmen – nie hätte er dies bisher niederzuschreiben gewagt, aber nun ist hier Zwang, übermächtig: seine Frau, beinah unablässig ächzend, hustend, stöhnend, sie will nicht zulassen oder nur in seltenen, viel zu seltenen Ausnahmen, daß er ihr beiwohnt – und er streicht das Verb, schreibt: sie beschläft. Selbst, wenn sie ihn – und sich – überrascht mit einer Phase von Gesundheit, versucht sie dennoch, ihn abzuweisen. Und es gleiten Samenschlieren durch das Blickfeld, und da ist Kribbeln unter der Haut, Ziehen in den testes. Wenn Margarete ausnahmsweise einmal keinen Grund hat oder findet, ihn abzuweisen, dann ist sie – so muß, ja muß er das schreiben – von kalt abweisender Gleichgültigkeit, denkt wohl, je weniger Regung sie zeige, desto schneller sei alles vorbei. Gerade das aber fordert ihn heraus, er will Lebenszeichen spüren! Doch sie liegt reglos, mit kühlen Händen, kalten Füßen, kühlen Hinterbacken; stumm läßt sie alles geschehn. Ein paarmal, als sie wieder Molesten,

Malaisen vorschützte, sich hustend, würgend entziehen wollte, da hat er sich, fast blind vor Samendruck, auf sie geworfen, hat ihren schwachen Widerstand niedergedrückt, schreibt er, niedergepreßt, ja: niedergepreßt, niedergestoßen, niedergepreßt, niedergestoßen. Warum nur, so notiert er in weiterhin wild auszackender Schrift, warum nur hat die Natur ihn

Und Stirn und Schläfen, Lider, Lippen ... Flimmern, Flirren im Blick, Schlieren, so dicht, als wäre eine Schnecke über die Linsen gekrochen: der Hals, die Schultern, Achseln, Brüste ... Krallen in den Hinterkopf, Krallen in den Nacken, Krallen in die Schultern, Krallen in die Hoden: Bauch und Nabel, Schenkel, Schenkel ...

Ritt, unaufschiebbar, zu einem der Kranken in Grunau – er wird, so fürchtet er, am Krankenbett seine Gedanken nicht sammeln können, turbulentia mentalis, doch abgeben mag er den Fall nicht, schon gar nicht an Johann

Günther. In Grunau freilich entspringen ihm seine Gedanken nicht, das Erscheinungsbild des Kranken läßt das nicht zu: der junge Mann schmal, ausgemergelt, Schwindform, Schwundform; er hustet, als sei die Lunge verfault; Fiebern; einen großen Teil seiner restlichen Kräfte scheint er allein zu verbrauchen, um am Leben zu bleiben, diese Kräfte aber lassen nach; irisierendes, opalisierendes Leuchten in den Augen. Ja, ein Leuchten wie bei manchen Moosen, bevor sie absterben oder: bei faulendem Holz, das zuweilen leuchtet, zumindest schimmert.

Auf dem Rückritt aber und in Striegau will ihm der Lischek nicht mehr aus dem Sinn. Wohnt vor der Stadt, auf dem Koy-Anger, und das nächste Haus, ein Bauernhof, ist zwei weite Steinwürfe entfernt: könnte Hanna nicht durchs Jauertor oder Neutor die Stadt verlassen, in jeweils unverdächtiger Richtung, und sie geht dann auf Feldwegen nach Südwesten, besucht den Gärtner? Doch sowas wird man befürchten in der Schusterfamilie, also könnte sie keins der Tore unbeachtet passieren. Drum wird nur dort, wo niemand dies erwartet, wird nur innerhalb der Mauern ein Treffen möglich sein. Beispielsweise: Hanna gelingt es, sich von Mutter, Tante oder Schwester zu lösen, und sie geht von der Wittiggasse zur Ablenkung in die Barbaragasse, betritt die kleine Kirche St. Barbara, verläßt sie durch den Seitenausgang, gelangt hier auf den Pfad, der an Hintergärten vorbei zum Wittigtor führt, geht durch die Weighäusergasse zum Garteneingang des Arzthauses am Jauertor, schlüpft herein. Und der Gärtner kommt die Schweidnitzgasse herauf und die Jauergasse, betritt wie andere Patienten das Haus. Könnte er hier den Gärtner nicht am gründlichsten kurieren? Sobald er Hanna in die Arme nehmen kann: bestimmt wird sich bei ihr die Spannung lösen in Tränen, erst einmal, aber die werden rasch trocknen auf der erhitzten Haut, und das Kopfende des Betts, das er ihnen zur Verfügung stellt, es wird wenigstens eine Stunde lang an die Mauer schlagen. Dies wäre Triumph auch für ihn: trotz Dutzender wachsamer Augen, weit geöffneter Ohren den Gärtner und seine Liebste zusammengeführt!

Doch wäre hier nicht einfacher, ungefährlicher diese Möglichkeit: der Gärtner kommt ungesehen in der Nacht, und zu einer für Konsultationen üblichen Zeit erscheint Hanna, begleitet von ihrer älteren Schwester? Vorwände für solch einen Besuch wären leicht zu finden: Magenschmerzen oder Übelkeit oder womöglich Kolik, dringend braucht sie ein Heilmittel, das wird er ihr verabreichen! Und während Karl mit Hanna schläft, wird ihre Schwester, die cohabitatio hörend, zumindest witternd, in Erregung geraten, wird ihm

Und Stirn und Schläfen, Lider, Lippen ... Krallen in den Hinterkopf, Krallen in den Nacken, Krallen in die Schultern, Krallen in die Hoden: ihr Hals, die Schultern, Achseln, Brüste ... Flirren, Flimmern im Blick, und Schlieren, so dicht, als wäre eine Schnecke über die Linsen gekrochen: Bauch, ihr Nabel, Schenkel, Schenkel ...

Und er liest mit begleitender Feder noch einmal die Frage nach der Weise – nach der Art und Weise der Verständigung: läßt sich annehmen, daß die Leuchtkäfer und Glühwürmchen sich einfach – auf gemeinsamem Ast und Halm, Ast oder Halm –. Das Rascheln, Nagen, wirbelnd schnelle Trippeln von Mäusen in der Decke über ihm, und durch die Zwischenwand hört er seine Frau husten, würgend. Jähe Bewegung der Hand auf dem Blatt. Und erst – ja und erst bei genauerem Beobachten hatte er geglaubt festzustellen – nein: feststellen zu müssen geglaubt – geglaubt, feststellen zu müssen – die eigentlich verstärkte – als würde sehr sanft auf einen Glühpunkt – doch rasch – rasch aber schwächte sich das kühle Glimmlicht wieder ab, und es erscheint – und es erschien, nach kurzer Verzö

Wut, Wut, eine ihn plötzlich überfallende oder: aus ihm hervorbrechende Wut reißt ihn hoch vom Stuhl am Arbeitstisch, Wörter herausgeschleudert, und die Kraft zu diesem Hochschleudern, Hinausstoßen zieht sich, ballt sich unter dem Zwerchfell zusammen, er weiß nicht, was er in diesem jähen Hochschießen herausschreit, breitbeinig dastehend, und der Kopf, das spürt er, gerötet, und sein Körper fühlt sich noch gedrungener an, und die Arme schwingen sich ein in heftiges Pendeln, und der Schädel schiebt sich vor, als wolle er

Ja, und er hat sich ein Strohseil ums Geschlecht geschlungen, der Waldarbeiter aus Zirlau, hat am Strohseil gerissen, an beiden Enden zugleich. Ja, und er hat das Strohseil mit einem Hanfseil verknotet, und dieses verlängerte Seil an einem starken Ast befestigt, den zog er herab mit beiden Händen, der Waldarbeiter aus Zirlau, ließ sich zurückfallen. Ja, und er löste das Strohseil vom Hanfseil, wollte das Strohseil, um das Geschlecht gezurrt, anzünden, an beiden Enden zugleich, doch dazu hat er nicht

Krallen in den Hinterkopf, Krallen in den Nacken, Krallen in die Schulterblätter, Krallen ins Gesäß, Krallen in die Hoden, ins scrotum, notiert er. In solcher Bedrängnis von seiner Frau abgewiesen – ihr Zittern, ihre kühle Haut, und die Decke bis ans Kinn – fühlt er sich von apoplexia bedroht, und er weiß: trifft ihn dieser Blitz von innen her, so könnte – ja, er kann vielleicht nicht mehr sprechen oder verliert die Erinnerung oder wird halbseitig gelähmt. Warum, so schreibt er hastig weiter, warum hat die Natur es zugelassen, nein: geduldet, daß sein kleiner kompakter Körper so viel Kraft – er wird in seinen Augen noch breiter, scheint fast vierschrötig, und noch buschiger, struppiger die Augenbrauen und noch dicker die Lippen und wie von Heiserkeit überstäubt die Stimme. Und er weiß, so schreibt er mit wild auszackenden Buchstaben, er muß losreiten, nach Schweidnitz! Ins Hurenhaus an der Stadtmauer kann er nicht gehen, notiert er, zuviele kennen ihn, zu rasch würde sich dies herumsprechen zwischen Schollwitz, Gräben, Järischau, drum muß er sich mit der Hure wieder in ihrem Zimmer treffen, in der Nebengasse, zu der sie getrennt gehen.

Und Stirn und Schläfen, Lider, Lippen! Ihr Hals, die Schultern, Achseln, Brüste! Bauch, ihr Nabel, Schenkel, Schenkel …

Kein Flimmern, Flirren mehr im Blick, keine Samenschlieren … kein Kribbeln unter der Haut … kein Ziehen mehr … die Hoden scheinen mit kühlem Pflanzenmus gefüllt. Ritt zurück von Schweidnitz nach Striegau. Sein Körper wie von innen her gesalbt mit aufhellenden Pflanzensubstanzen … sein Hirn wie durchtränkt von sanftesten Pflanzentinkturen … Und er ist wieder Herr im Kopf, im Körper, halleluja! Welches Ziel seine Gedanken auch suchen werden: Verbindungslinien entwickeln sich, klar gezogene Linien setzen sich fort in anderen, klar gezogenen Linien … wie von selbst stellen sich Formulierungen ein, ja fliegen ihm zu …

Müßte es nicht, so notiert er, eine Form der Liebe geben, die von pflanzenhafter Sanftheit, Geduld ist? Warum sollte körperliche Liebe zwischen Menschen nicht einer Liebe gleichen, die denkbar wäre zwischen Bäumen? Seine Wurzeln lieben, vor allem die Seitenwurzeln, mit denen man sich näherkommt, berührt, verflicht ... Den Stamm lieben, weil in ihm, parallel zum anderen Stamm, Wasser und Nährstoffe aufsteigen ... Die Äste lieben, die sich immer weiter, tiefer ins Astwerk des anderen schieben, das wiederum, ganz langsam, ins eigene Astwerk wächst ... Die Blätter lieben, weil man sich hier tausendfach, vieltausendfach berührt ... Und er schreibt, ohne einzuhalten, weiter: schweigend ineinanderwachsen in vielen Jahren, mit immer zahlreicheren Berührungspunkten, Berührungsflächen – sollte es nicht möglich sein, daß Menschen in solche Liebesform hineinwachsen, damit erst Wurzeln fassen in der Liebe? Und was beim einen geschieht, das geschieht auch beim anderen: derselbe Wind, derselbe Regen, dieselbe Sonne ... Und die gemeinsame Gegenwart derart selbstverständlich, daß sie nicht mehr ausgesprochen werden muß ... Kein Spiel mehr von Annäherung, Entfernung, Wiederbegegnung: gleichmäßig wächst man ineinander. Und man wird alle Ungeduld verlieren oder: wird aus aller Heftigkeit herauswachsen, nein: wird über alle Wildheit hinauswachsen ... Ja, eine Liebe, so setzt er neu an, eine Liebe, in der Zeit langsam wird im geduldigen Steigen, Fließen der Säfte. Ja, und man steht, in der Ast-Umarmung, Ast-Verschränkung, beispielsweise am Hang des Zobtenkegels, spürt sommerheiße Winde, und Regen wäscht und kühlt, und nachts wird man umzuckt von Fledermäusen, umgaukelt von Leuchtkäfern, und tagsüber schweben Zitronenfalter, Tagpfauenaugen durch den gemeinsamen Astraum, Gamma-Eulen, Segelfalter ...

Was in den Eichenwäldern geschieht, vor kurzem noch geschah, sagt der Gärtner, das wird im folgenden Jahr, wird im übernächsten Jahr nicht nur mit den Eichen geschehn, es werden andere Raupenarten weitere Laubbäume kahlfressen, auch Obstbäume, weil Raupen die Schwäche der Bäume spüren, und die im nächsten Sommer braunen Bäume werden im übernächsten Sommer nicht mehr grün, denn nach unvergleichlich strengem Winter werden diese Bäume die Kraft nicht mehr haben, nach dem Kahlfraß Johannisgrün hervorzubringen, sie bleiben kahl. Ja, ruft der Gärtner, die Bäume werden den Menschen Früchte verweigern, und von Stämmen, Ästen wird sich Rinde lösen, todesbleich werden die Bäume herumstehn, bis Stürme sie niederwerfen.

Die übergroße Kälte wird einsetzen nach mildem Winterbeginn, in dem Pflanzen, Büsche, Bäume womöglich schon erste Knospen, Blüten zeigen, werden hier am verletzlichsten sein. Und der Winter wird diese überaus strenge Herrschaft in Schlesien beginnen, natürlich im geschundenen Schlesien! Drei Ellen tief wird der Erdboden hartfrieren, das werden Totengräber am besten bezeugen können: nur mit größten Anstrengungen wird es ihnen gelingen, kleine Gruben ins Erdreich zu hacken. Und die Bäche werden zufrieren, die Fischteiche und Seen, die Flüsse, sogar die Oder. Fische werden unter dem Eis ersticken oder im Eis erstarren, Vögel werden verdursten, Rindern werden in den Ställen die Hufe noch tiefer gespalten von der Kälte, selbst Beinknochen werden, von innen her, splittern. Und Menschen werden ihre Stuben kaum noch heizen können – in Fensternähe wird Wasser in Bechern zu Eis, und wenn oben aus einem Fenster gespuckt wird, trifft unten ein Eisbröckchen auf. Wer das Haus verläßt, nur tausend Schritte geht, dem bilden sich Bläschen, Blasen auf dem Gesicht. Dies wird die Kälte sein, ruft Gärtner Lischek, die Bäume tötet! Denn der verbliebene (oder vorwitzig bereits aufgestiegene) Saft wird zu Eis erstarren, und Äderchen, Adern werden bersten, weil Eis sich dehnt: mit Knallen, Krachen werden von innen her Stämme gespalten. Vor allem Nußbäume werden absterben, Pfirsichbäume, Aprikosen-bäume. Und Johannisbrotbäume, Zitronen-bäume hätten im Freien überhaupt keine

Ohne begleitende Feder liest er vom Auf- und Abschweben, Hin- und Hergleiten der oszillierend grünen – liest die Frage nach der Art und Weise der – liest, das Leuchten ver-stärke sich gelegentlich, als würde sehr sanft auf

79

einen Glühpunkt –. Die Seiten auf der Tischfläche, der Zitronenzweig auf dem Fensterbrett. Am Hinterleib ein etwas größerer, fast weißer Schmetterling – die miteinander reglos verbundenen Schmetterlinge eine symmetrische figuratio oder: symmetrische Figur? Das Mäusehuschen, Mäusetrippeln, Mäusenagen in der Decke über ihm; hinter der Zwischenwand das Bettknarren, Husten. Und er blättert, liest weiter: Schleim-Unterseite an die Schleim-Unterseite der anderen Schnecke zu pressen – Erregung wurde nicht – kein Aufschäumen von Schneckenschleim – Fleischverknäuelung, Fleischverknäuelung –


Und er geht mit der älteren Schwester der Schusterstochter nachts, wenn niemand sie sehen kann, in den Garten vor der Stadt, und sie beginnen zu tanzen zwischen den Obstbäumen, und sie zieht, weitertanzend, ihr Kleid aus, schwingt es auf einen Ast eines Birnbaums? Und ihr Unterkleid schwingt sie auf einen hohen Ast eines Apfelbaums? Und er schwingt Jacke und Hose, Hemd und zweite Hose auf Nußbäume,

Pflaumenbäume, durch den Garten mit ihr tanzend, und wenn er sie in einer Drehbewegung an sich reißt, spürt sie sein Geschlecht? Und er faßt ihre Brüste an – pflanzenglattes Fleisch, für ihn herangewachsen in sanften Konturen? Und er preßt die junge Frau an sich, führt sie in die Holzhütte, zieht die Tür

Und Stirn und Schläfen, Lider, Lippen ... ihr Hals, die Schultern, Achseln, Brüste ... Bauch, ihr Nabel, Schenkel, Schenkel ...

Und in der Kauerstellung, in der er sich am schwersten fühlt, abheben ... hochschweben, vom Aufwind getragen, der ihn sanft unter die Arme faßt ... sich in die Kniekehlen schiebt ... unter sein Gesäß, unter die Füße an den Hoden ... aufschweben, schwerelos ...

Doch wenn der Gärtner sich endlich dazu überreden, sich überwinden kann, etwas zu essen, so ist das nur ein mechanisches Zerkleinern von Brot, notiert Grotkau, das stopft er in sich hinein, und schon nach wenigen Bissen ist der Magen, scheint der Magen prall ausgefüllt von kopfgroßer Gewöllekugel. Selbst Gemüse, das er gezogen hat: der Pflanzenstoff scheint im Mund zu vertrocknen, zu verholzen, und Holzfasern setzen sich fest in der Gewöllekugel, stechen in die Magenwände, und er kann die Gewöllekugel nun erst recht nicht mehr auflösen, kann sie auch nicht auswürgen, daran könnte er, so fürchtet er offenbar, ersticken.

Noch immer steckt der Zweig mit den ovalen, hellgrünen, kurzgestielten Blättern im Topf: den bewurzelten Setzling draußen einpflanzen? Freilich nicht in einem Holztrog, den man im Winter in eine Orangerie trägt, der Steckling müßte Wurzeln schlagen im Boden. Wie aber könnte man diesen winzigen Baum durch den Winter bringen, einen so unvergleichlich strengen Winter, wie von Lischek vorausgesagt? Wie könnte man bei derartigem Frost verhindern, daß im wärmesüchtigen Bäumchen die Wasserkapillare, Wasseradern platzen, und danach in den Aprikosenbäumen, Nußbäumen und schließlich in den Pflaumenbäumen, Birnbäumen? Und blitzschnell Risse im Holz, und das klingt aus der Ferne, als würden sich Bäume mit Musketen selbst erschießen? Müßte man bei solcher Kälte nicht Feuer machen zwischen den Bäumen? Doch wird das nicht jeweils nur eine Seite schützen, und von Osten oder Norden her schlägt der Frost seine Fänge, seine Krallen ins wehrlose Holz? Wie die Bäume davor bewahren? Durch Zauber, machtvollen Zauber? »Kommt, ihr Bäume und Äste, Seid alle meine Gäste ...?« Und der Zitronenbaum und ein Johannisbrotbaum und Birnbäume, Pflaumenbäume, Apfelbäume, sie folgen der Einladung, ruckeln sich aus dem Erdreich des Gartens vor der Stadt, wanken mit angelegten Ästen, klumpigem Wurzelwerk zu einem Tisch, im Freien gedeckt, und es drängeln sich die Bäume mit raschelndem Astwerk, essen, was ihnen die Kraft gibt, auch den strengsten Winter zu überstehen, und

klumpfüßig wanken die Bäume zu ihren Erd-
mulden zurück, senken ihr Wurzelwerk in den
Boden, breiten aufrauschend Äste aus, die Raupen nun nicht mehr kahlfressen können, die
Frost nicht mehr sprengen kann?

Nach einem Krankenbesuch ein Abstecher
zu seiner mit Rindenschnitt markierten
Eiche; er ist sicher, daß der kahlgefressene
Baum für dieses Jahr nicht mehr die Kraft auf-
bringen wird, mehr als Notgrün zu entwickeln,
mit erheblich kleineren Blättern. Jedoch: die
Eichenblätter sind so groß wie Eichenblätter,
die im Frühjahr gewachsen waren! Sind diese
neuen Blätter dafür nicht so fest? Wiederholt
befühlt er Blätter, doch sein Tastvermögen
kann der Substanz der Frühjahrsblätter nicht
genau genug nachspüren, so bleibt der Eindruck, dies frische Grün sei etwas weicher. Eine
Täuschung? Sein Baum jedenfalls steht in
neuem Grün und das wird nicht mehr angenagt,
aufgefressen, die Raupenzeit der Eichenwickler
ist vorbei.

Er sieht wieder, hinter der Stirnwand, den Segelfalter, der die Faßflanke hinaufkroch, der – an der vielleicht wärmsten Stelle – die Flügel ausbreitete, bestimmt eine Minute lang, und nun vollendete sich das Flügelmuster: schwarze Linien der Vorderflügel setzten sich auf den Hinterflügeln fort, es wurden zwei Linien auf den ein wenig überlappenden Flügeln jeweils zu einer einzigen Linie, lupengenau. Die durchgehenden, durchlaufenden Linien als Spiel? Als Zeichen, für ihn?

Feuer, Feuer und Feuer: beinah vor jedem der Dörfer in der nächtlichen Ebene, beinah vor jedem der Dörfer südwärts zur Gebirgskette brennt ein Johannisfeuer, knisternd, knackend, krachend, hohles Sausen im Bauch der Flammen. Ein Raubvogel – Kauz oder Uhu – der über Striegau aufwärts flöge, er sähe bald Dutzende von Feuerpyramiden, sähe das weite Vorland des Gebirges von Feuerkegeln markiert, und je höher der Nachtvogel flöge, desto zahlreicher die Feuerzeichen; zuletzt sähe er das Glosen, Zucken vieler Feuerpunkte – als wären Funken ausgestreut übers Land.

Gleich nach dem Aufwachen: mit Asche vermischter Gewölleklumpen unter dem Zwerchfell, etwa faustgroß. Diesen Gewölleklumpen kann er nicht ertasten, doch spürt er ihn deutlich: feste, finstere Zusammenballung, die Oberfläche rauh. Dieser Gewölleklumpen läßt sich nicht auflösen, nicht einmal verkleinern durch Zuspruch, die Verklumpung lastet im Bauch, preßt sich schmerzhaft unter das Zwerchfell, also bleibt er länger sitzen am Tisch. Damit nebenan seiner Frau nichts auffällt, bei halb offner Tür, und sie stellt womöglich Fragen, ißt er mehr als sonst, zwingt sich dazu: mechanisches Zerkleinern. Erst nach vielen Minuten steht er auf. Und spricht nur kurz hinüber zu Margarete: seine Stimme ist heiser, sein Sprechen monoton – er hört es fern, als wären die Gehörgänge gefüllt mit Flugasche, Gewöllebüscheln.

Im Stall bleibt er lange neben dem Pferd stehen, mag es noch nicht satteln. Und reitet nach Jauernik im Schritt. Als er schließlich das Haus der Kranken erreicht, setzt er sich an ihr Bett, schweigend, schweigend. Damit das Schweigen nicht auffällt, faßt er, hält er eine ihrer Hände; nun glaubt die Kranke wohl, es werde Heilkraft übertragen, und sie bleibt reglos; es schweigen sogar die Verwandten im Raum. Die mit Asche vermischte Gewöllekugel scheint noch schwerer zu sein.

Im Schritt reitet er zurück nach Striegau. Und zählt sich Tropfen vor des Kräuterextrakts, das vor allem Johanniskraut enthält, aufhellend. Diese Tinktur scheint die Kugeln aus Gewölle und Asche etwas zu verkleinern, kann sie aber nicht auflösen. Die Angst nun, diese Verklumpungen könnten zerbröckeln, zerbröseln, sich im Körper verteilen: Ascheflocken, Gewöllefetzen zuerst in der substantia cerebri, Ascheflocken, Gewöllefetzen im guttur, Ascheflocken, Gewöllefetzen im thorax, Ascheflocken, Gewöllefetzen im abdomen, Ascheflocken, Gewöllefetzen im scrotum.

Wahrscheinlich haften, nein: vermutlich haften – es befinden sich vermut – vermutlich befinden sich klebrige Sekrete – so daß es – so daß die Beine an der glatten – an den glatten –. Er schaut auf die Seiten, über die Tischfläche verstreut. Finsternis, ans Fenster gepreßt. Er stippt die Feder in den Tintentopf, begleitet weiter den Text: kleine Haken an den Bein – kleine Häkchen an den Beinschienen. Das Mäusehuschen in der Zimmerdecke, Nagen und Trippeln; nebenan das Knarren des Betts; kein Husten. Kleine Haken setzen sich – Haken setzen sich? Haken sich – krallen sich – Haken krallen sich an – krallen Halt an – Haken finden Halt an

Der Gärtner, notiert er mit hastigen Buchstaben, der Lischek Karl hat wieder zum Messer gegriffen, hat es gegen sich gerichtet in der Gärtnerei, zwischen Hunderten von Pflanzen, hat diesmal nicht in den Hals, hat auch nicht ins Herz, in den Bauch gestochen, er schnitt sich, so schreibt er mit wild auszackenden Buchstaben, schnitt sich, und das muß eine besonders brüske Bewegung gewesen sein, schnitt sich die Hoden ab, verblutete. Lautlos das

Und Ducaslaus Grotkau sieht hinter der Stirnwand, wie sich der Rote Milan, der über dem Koy-Anger kreist, jäh herabfallen läßt mit angelegten Schwingen, und dicht über der Gärtnerei breitet er die Flügel aus in voller Spannweite, fächert die Schwanzfedern auf, streckt die Läufe vor, krallt die Zehen in den Hodensack, der Rote Milan hebt ab mit raschen Flügelschlägen, scrotum in den Fängen, fliegt hoch, und sobald der Greifvogel die Höhe des Turms von St. Peter und Paul erreicht hat, kreist er ein in den Aufwind über der Stadt, Hodensack in den Fängen; schon schwebt der Milan hoch über Jauertor, Mehlturm, Schnabelturm, über Gräbentor, Neutor, schwebt um die Stadt herum. Und der Greifvogel, so sieht das Grotkau hinter der Stirn, späht hinaus in die hitzeflimmernde Ebene, schwenkt ab aus der sich weitenden Spirale, fliegt mit langsamem

Schwingenschlag zum Kegel des Zobten, schwebt in einer Höhe, die kein Menschenschrei erreicht.

# Dieter Kühns Werke
## im Suhrkamp Verlag und im Insel Verlag

TRILOGIE
DES MITTELALTERS
Der Parzival des Wolfram von Eschenbach
Neidhart aus dem Reuental
Ich Wolkenstein

*3 Bände in Schmuck-Kassette:*
*Insgesamt 2063 Seiten. Leinen. Insel*

»Dieter Kühn hat drei bedeutende Dichter des Mittelalters – Oswald von Wolkenstein, Neidhart und Wolfram von Eschenbach – aus dem Gefängnis der Wissenschaft befreit und den Freunden der Literatur zurückgeschenkt. Das ist ein großes Verdienst.«
*Joachim Bumke, Frankfurter Allgemeine Zeitung*

»›Fiktion soll nicht ersetzen, was uns an Fakten fehlt‹, schreibt Dieter Kühn im letzten Kapitel seines Buches über den fahrenden Sänger und volkstümlichen Dichter Neidhart aus dem Reuental, mit dessen Biographie er seine Trilogie des Mittelalters abschließt. Dem Autor ist es gelungen, die etwas verstaubte oder allzu bunte Gattung des historischen Romans von Grund auf zu reformieren und sie vom Kopf der feudalen und fürstlichen Quellen und Chroniken sozusagen auf die Beine des mittelalterlichen Lebens zu stellen, wie es das Volk wirklich erfuhr, liebte und erlitt. Dieser Poeta doctus bleibt trotz aller Poesie so dicht an den Tatsachen, daß man das mittelalterliche Milieu zu sehen, zu hören, zu schmecken und zu riechen meint.«
*Geno Hartlaub, Die Welt*

»Dieter Kühn bringt die richtigen Voraussetzungen mit: Fabulierlust und Skrupel, historisches Interesse und ein fast journalistisches Gespür für eine gute ›Story‹, eine germanistische Vorbildung und die vergnügte Bereitschaft, sich mit Sorgfalt und Elan in Recherchen zu stürzen und umsichtig und aufgeräumt davon zu berichten.«
*Jörg Drews, Süddeutsche Zeitung*

# Dieter Kühns Werke
## im Suhrkamp Verlag und im Insel Verlag

### TRISTAN UND ISOLDE
### DES GOTTFRIED VON STRASSBURG

*648 Seiten. Leinen. Insel*

»Der ›Tristan‹ des Gottfried von Straßburg ist die Erzählung einer so unerfüllbaren wie unbedingten Liebe. Er ist aber auch ein unvollendetes Massiv der Weltliteratur in 19 548 erhaltenen Reimversen. Schon die Zahl kann einschüchtern. Hinzu kommt, insbesondere für Übersetzer, daß das Mittelhochdeutsche gerade wegen seiner scheinbaren Nähe zur heutigen Sprache ungeahnte Verständigungsprobleme bereitet. Und überdies erschwert Gottfrieds Stilkunst mit ihrer Wortmelodik und ihrem eigentümlichen Begriffssystem auch Erfahrenen den Zugang. Wie in der von Edelsteinen durchfunkelten Minnegrotte, in der Tristan und Isolde für kurze Zeit ihr gemeinsames Glück finden, scheint das Epos in einem Schrein von Unnahbarkeit verschlossen, einem Reliquiar meisterlicher Formkunst, das von heute aus nur scheu verehrt oder gewaltsam aufgebrochen werden kann. Anbetung oder Bildersturm – was dazwischenliegt, sind allemal Kompromisse. Auch Dieter Kühn, seit seiner großen dokumentarischen ›Trilogie des Mittelalters‹ wohl der kundigste Vermittler hochmittelalterlicher deutscher Dichtung, war bei seiner neuen Übertragung des ›Tristan‹ zu solchen Kompromissen gezwungen. Aber fast immer gebührt seinen Entscheidungen Respekt, nicht selten Bewunderung. Seit Mitte der sechziger Jahre, so schreibt Kühn im Nachwort, habe Gottfrieds Text ihn begleitet; Probestücke einer Übersetzung waren schon im großen Neidhart-Buch erschienen. Die nun vollbrachte Arbeit ist mehr als ein Sieg des Fleißes: An ihrem Ende ist Gottfrieds Roman erlöst von jener biedermeierlichen Andacht, deren Goldschnittpathos die ›National-Literatur‹ zu staubigen Monumenten versteinern ließ. Literatur als Teil der lebendigen Wirklichkeit und als ästhetisches Wagnis will Kühn neu lesbar machen – es ist ihm auch am ›Tristan‹ gelungen. ... Dieter Kühn hat den ›Tristan‹ kongenial übersetzt.«
*Johannes Salzwedel, Frankfurter Allgemeine Zeitung*

# Dieter Kühns Werke
## im Suhrkamp Verlag und im Insel Verlag

BEETHOVEN
UND DER SCHWARZE GEIGER

*Roman. 499 Seiten. Leinen. Insel*

»Viele Details aus Beethovens Biographie sind in diesem Roman korrekt wiedergegeben, anderes wurde aus seinen Zusammenhängen gelöst und neu zusammengefügt. Die Frau auf dem Schiff etwa ähnelt der berühmten geheimnisvollen ›unsterblichen Geliebten‹. Allerdings: In Afrika war Beethoven nie, die Reise ist pure Erfindung des Romanciers Dieter Kühn. Mit diesem Buch ist ihm ein ebenso geistreicher wie spielerischer Roman gelungen. Kühn ist ein großer Fabulierer, ein Geschichtenerzähler, der aus Fiktion und Wirklichkeit ein Zeitbild entwirft, das authentisch anmutet. Und es gelingt ihm, etwa durch Wiederholung bestimmter Motive, kompositorische Strukturen von Musik in Erzähltechnik umzusetzen.«
*Jürgen P. Wallmann, Deutsches Allgemeines Sonntagsblatt*

»Aber wie Dieter Kühn erzählt und räsoniert, pardon: wie er Bridgetower auf dessen Entwurfblättern von fast 500 Seiten Erfundenes, in die Reise Vorausgedachtes und historisch Faktisches zusammenschreiben läßt, das ist spannend, amüsant zu lesen und umfaßt viele gewichtige, alles andere als nur entwurfhaft behandelte Probleme, solche der Kunst und des Künstlers, des Umgangs mit Mythen (›Was geht vor in Penelope?‹), des menschlichen Glücks und seiner Brüchigkeit, der Sehnsucht zur Ferne, zum ganz anderen, solche der komplizierten Begegnung des Europäers mit Afrika und auch der Beschwertheit mit der Vergangenheit der eigenen Familie. Kunstvoll spiegeln sich Schicksale in Parallelgeschichten, die über das Buch verteilt sind ... Dieter Kühn zieht in seinem neuen Buch alle Register seiner perfekten Erzählkunst.«
*Karl Otto Conrady, Frankfurter Rundschau*

## Dieter Kühns Werke
## im Suhrkamp Verlag und im Insel Verlag

44